Gudrun Feltmann-
v. Schroeder

DIE KUNST,
MIT DEM HUND
ZU REDEN

Kosmos

Zur sozialen Organisation in der Hund-Mensch-Gemeinschaft 87

Zur Beschäftigung des Menschen mit dem Hund 113

Service 183

Geleitwort

Die Autorin befaßt sich mehrfach mit Fallbeispielen zur Hund-Mensch-Kommunikation und vice versa. Sie schildert diese so häufig wie unnötig vorkommenden Mißverständnisse nicht nur, analysiert sie vielmehr stets aus verhaltensbiologischer Sicht. Und so enttarnt sie etliche der „ritualisierten Problemverhaltensweisen" so überraschend logisch und klar, daß ihre vermeintliche Problematik ganz unverständlich wird. Diese Vorgehensweise ist typisch für die vorliegende verhaltensbiologische Arbeit.

Ohne jemals dogmatisch zu sein, vergleicht Gudrun Feltmann-v. Schroeder biologische Besonderheiten des Haustierverhaltens mit eigenen Beobachtungen an jungen Wölfen bzw. an verwilderten Haushunden (Dingos), hat damit unterschiedliche Bezugsgruppen, kann relativieren und abwägen und erklärt individuelle Variabilitäten situationsbezogen und stets plausibel. Ausgehend von ihren Beobachtungen und Erkenntnissen analysiert sie sehr behutsam – unter Nutzung ihrer reichen Erfahrungen und Kenntnisse – problematische Mensch-Hund-Beziehungen, die beispielhaft geschildert werden.

Dabei geht es relativ häufig um ein in der Tat zentrales hundliches Problem: das Fehlen sozialer Verhaltensweisen dem Menschen gegenüber, dem unzureichende Lernmöglichkeiten in der frühen Verhaltensentwicklung zugrunde liegen. Bei fehlender Sozialisation an den menschlichen Partner sowie einem Mangel sozialer Kommunikation und dem Ausbleiben der Entwicklung einer „respektvollen" Beziehung zu ihm, gewachsen ohne Ausübung von Zwang seitens des Menschen und reaktiver Angstentwicklung beim Hund, entsteht keine soziale Beziehung, keine Bindung. Hunde jedoch benötigen die soziale Gruppe, um sich entwickeln und kooperativ mit dem Menschen leben zu können. Gudrun Feltmann-v. Schroeder verweist in diesem Kontext auf die Problematik der Straßenhunde, deren Sozialisation an Artgenossen in aller Regel sehr gut ist, die das Zusammenleben mit dem Menschen jedoch nicht im adäquaten Zeitrahmen der Sozialisierungsphase lernen konnten, da sie oft weit später in mitteleuropäische Haushalte gelangen.

Es gibt sehr gut beschriebene und nachvollziehbare Ausführungen zum Lernverhalten wie zur psychischen, physiologischen und ethologischen Entwicklung von Hunden. Hier fließen interessante Beobachtungen der Autorin an jungen Dingos, Wölfen und eigenen Hunden ein. Der „alte Zopf" der vermeintlichen Rangordnung unter jungen Hunden wird endgültig abgeschnitten und viel Aufschlußreiches zur Entstehung von Beziehungen zwischen den Jungtieren erklärt. Und der Kreis schließt sich erstmalig (das Buch führt zu mehreren Kreisschlüssen!): das Erlernen der sozialen Ordnung muß auch dem Menschen gegenüber früh erfolgen. Voraussetzung für den Erfolg dieser Anpassung ist das biologisch korrekte Verhalten des Menschen. In Anlehnung an den russischen Wolfsforscher Bibikow (bzw. die Arbeiten des Zoologen Kruzinskij) wird bezüglich der „Rangordnung" zwischen der „sozialen Gruppe", die das „Überleben der Gemeinschaft regelt" und der zusammengewürfelten sog.

„Sammelgruppe", wie Bibikov sie nennt, unterschieden, in der Kämpfe vorkommen, weniger stressfrei aggressiv kommuniziert wird und der Aggressionskoeffizient relativ hoch ist. Gruppen sind eben qualitativ verschieden, je nachdem, wie sie entstanden sind. Das gilt gleichsam für Mensch-Hund-Gruppierungen. Ein jedes Tier wird in der Sozialisierungsphase diesbezüglich ganz individuell „geprägt". Die Vergleiche zwischen dem Wolfsverhalten und der Hund-Mensch-Beziehung sind sorgsam abgewogen, werden mit angemessener Vorsicht schlüssig gezogen. Das Buch besticht durch seine klare Sprache, die sehr gute Verständlichkeit

und die vielen spannenden Beobachtungen und Fallbeispiele.

Wir dürfen ein „selbsterfahrenes" Schreiben lesen, keine reine Literaturarbeit, die sattsam Bekanntes wiederholt. Ich habe die Beobachtungen und Schlußfolgerungen mit großem Gewinn genossen. Als wichtige Hilfe für die in der kynologischen Literatur gängigen Begriffsverwirrungen und überholten Tradierungen aus dem Bereich der Verhaltensentwicklung und für etliche soziale Aspekte im Zusammenleben mit Hunden sei es ausdrücklich zur Lektüre empfohlen. Es gibt viele „Aha-Erlebnisse".

Dorit Urd Feddersen-Petersen

Vorwort

Meine langjährigen Welpenstudien führten mich in das Reich der Wölfe. Ich beobachtete domestizierte Haushunde verschiedener Rassen im Umgang mit zwei Wolfswelpen und stellte fest, wie gut sie sich verständigen konnten. Als die jungen Tiere in ihre Wolfsfamilie zurückkehrten, wurden sie ohne Probleme sofort von jedem der Familienmitglieder freundlich angenommen. Daher wage ich den Schluss zu ziehen, dass die sozialen Strukturen, die bei Wölfen sehr gut untersucht worden sind, noch immer ihre Gültigkeit für das Sozialverhalten unserer Haushunde haben.

Wir Menschen beurteilen auf Grund der geringen Möglichkeiten, Hunde in gewachsenen Hunderudeln zu beobachten, das Sozialverhalten von Hun-

den oft missverständlich und falsch. Als Folge davon ziehen wir unrichtige Konsequenzen, die wiederum den Umgang mit dem Hund ungünstig beeinflussen. Mit dem Wissen über das Verhalten der Wölfe können wir jedoch

Afrikanische Wildhunde *(Lycaon pictus)* sind entwicklungsgeschichtlich noch älter als der Wolf.

Dieses Buch soll den Hundefreund dazu anregen, das Verhalten seines Hundes genau zu beobachten und richtig zu interpretieren. So können Missverständnisse in der Kommunikation von vorneherein vermieden werden. Der Hundefreund soll Wege finden, seinen Hund richtig zu verstehen und viel Motivation erhalten, sich mit seinem Hund sinnvoll zu beschäftigen. Das soll zu seiner und seines Hundes Freude geschehen und zu einer herzlichen Freundschaft führen.

Großer Dank gebührt meiner Fotografin, Gerlinde Grüner. Ebenso herzlich danken möchte ich meinen Assistenten Andrea Schadewell und Judith Fink-Porr, die mir mit ihren kritischen Fragen immer wieder neue Anregungen gaben. Und nicht zuletzt danke ich meinem Mann Karl, der mir unermüdlich zur Seite stand.

Gudrun Feltmann-v. Schroeder

unsere oft mangelhaften Kenntnisse, die das soziale Verhalten des Hundes betreffen, ergänzen und richtig stellen.

Wir Menschen müssen zunächst begreifen lernen, wie die soziale Verständigung unter Hunden praktiziert und von welchen Gesetzen sie bestimmt wird. Erst danach sind wir in der Lage, uns dem Hund gegenüber in einer ebenso klaren Weise auszudrücken, dass er uns versteht und sich uns anpassen kann. Auf diese Weise gewinnt er Vertrauen und die Möglichkeit, die Autorität des Menschen ohne Angst und psychischem Druck anzuerkennen. Der angstfreie Respekt vor dem Menschen ist die Voraussetzung für das harmonische Zusammenleben und eine fruchtbare Zusammenarbeit von Hund und Mensch.

Der Hund, eines der ältesten Haustiere

Der Hund gehört zum Menschen und ist eines der ältesten Haustiere! Eine Tatsache, der sicher eine hohe Bedeutung zukommt. Nach dem heutigen wissenschaftlich fundierten Stand leben Mensch und Hund seit etwa 13.000 Jahren zusammen. Eine für uns Menschen unvorstellbar lange Zeit. Können wir Menschen uns überhaupt vorstellen, was in diesen 13.000 Jahren geschehen ist? Welche Entwicklung der Hund und der Mensch in dieser Zeit durchgemacht haben? Der Versuch darüber nachzudenken ist sicher reizvoll und auch spannend, aber wie es wirklich war, bleiben weit gehend Vermutungen, die unserer Phantasie überlassen sind.

Europäischer Wolf (10 Monate, Tierpark Perleberg)

Wir leben heute in einer Zeit, in der eine hoch spezialisierte Technik das Leben und Überleben der Menschen in großen Teilen der Welt bestimmt – eine Entwicklung, die häufig die zwischenmenschlichen Beziehungen in den Hintergrund treten lässt. Wir Menschen müssen daher sehr bewusst daran arbeiten, dass unsere psychisch-soziale Entwicklung mit der technischen Entwicklung Schritt halten kann. Das bedeutet: Uns Menschen muss die Anpassung an die technisch spezialisierte Welt gelingen, um überleben zu können. Zum Überleben gehören nicht nur die psycho-sozialen Verhaltensweisen des Menschen, sondern auch der feinfühlige Umgang mit der Umwelt, also der Tier- und Pflanzenwelt.

Wenn der Mensch schon darauf achten muss, den Umgang mit seinen Mitmenschen vorsichtig zu pflegen und Rücksicht auf seine Umwelt zu nehmen, was hat dann ein Hund zu bewältigen? Dieser muss sich nicht nur an eine für ihn schwer begreifbare Umwelt anpassen, sondern er muss auch noch

sein soziales System in die soziale Ordnung des Menschen integrieren. Und das in einer Zeit, in der wir Menschen mit uns selbst zu kämpfen haben.

Weiterhin scheint es, dass der Mensch in unserem technisierten Zeitalter nur schwer der Versuchung widersteht, unsere Haustiere, (damit sind alle Haustiere – auch Hühner, Pferde, Schweine, Rinder usw. gemeint) nicht auch zu „technisieren". Das hat zur Folge, dass das Verhältnis des Menschen zu seinen Haustieren oft fehlentwickelt ist und für das Haustier unzumutbare Lebensbedingungen schafft.

▶ Die Sonderstellung des Hundes

Der Hund hat als Haustier bei uns Menschen ganz ohne Zweifel eine Sonderstellung, denn er dient in den allermeisten Fällen nicht ökonomischen Zwecken, sondern steht dem Menschen als Partner zur Seite. Leider – vielleicht ein Zeichen unserer Zeit – neigt der heutige Mensch zu Extremen. Dies wird deutlich, wenn wir z.B. die

Afrikanische Hausziege, nach dem Hund das älteste Haustier *(Capra aegagrus,* Tierpark Kalletal)

Der Umgang mit Katzen muss genauso gelernt sein wie der Umgang mit dem Menschen.

Beziehung des Menschen zum Hund betrachten.

So haben wir es auf der einen Seite mit extremen „Hundefeinden" zu tun, die sich oft aus guten Gründen dazu entwickelt haben. Manchmal haben sie schlechte Erfahrungen mit Hunden oder deren Besitzern gemacht. Manchmal sind sie jedoch erst durch Medienkampagnen zu „Hundefeinden" gemacht worden. Darin wird und wurde der Hund immer und immer wieder als Monster und gefährliche Bestie dargestellt und beschrieben.

Auf der anderen Seite stehen die extremen „Hundefreunde", die ohne Rücksicht auf den Menschen und seine Umwelt ihre Hunde „Hund" sein lassen.

Beispiel 1 *Eine Mutter geht mit ihrem zweijährigen Kind spazieren. Plötzlich taucht aus dem „Nichts" ein Rottweiler auf und stürmt auf Mutter und Kind los. Die Mutter in ihrer Angst reißt das Kind auf den Arm und schreit aus vollem Halse. Der Hund packt das Kind am Bein und lässt nicht mehr los. Durch das Geschrei aufmerksam gemacht, taucht die Besitzerin auf, öffnet ihrem Hund den Fang und befreit so das Kind aus den Kiefern des*

Hundes. Die aufgebrachte Mutter wendet sich an die Polizei. Die Besitzerin des Hundes meint lapidar, der Hund habe nur ein bißchen spielen wollen und das könne man ihm doch sicher nicht übel nehmen.

Beispiel 2 *Eine junge Frau hat als Kind eine traumatisierende Erfahrung mit einem Hund gemacht. Sie kämpft gegen ihre panische Angst vor Hunden mit einer Therapie an und bittet ihre Nachbarin, ihren Hund bei Begegnungen mit ihr an die Leine zu nehmen, da sie ihre Angst vor Hunden noch nicht im Griff habe. Die Nachbarin lacht und meint, da müsse man durch. Selbstverständlich lässt sie ihren Hund weiterhin frei laufen.*

In beiden Fällen liegt nicht ein wirkliches Hundeproblem vor, sondern eher ein zwischenmenschliches Problem. Die Ignoranz und Rücksichtslosigkeit so mancher Hundebesitzer scheint in Deutschland an unserer unerfreulichen Situation, der ausgeprägten Hundefeindlichkeit, Schuld zu haben. Die Hundebesitzer selbst haben also die Hundefeindlichkeit ausgelöst und müssen nun sehen, die Beziehung Mensch und Hund wieder ins Lot zu bringen. Leider – ich muss schon wieder ein „leider" hinzufügen – haben die Hundefreunde, die mit ihren Hunden verantwortungsbewusst umgehen, viel zu wenig Einfluss in der Öffentlichkeit, obgleich sie nach meinen Erfahrungen weit in der Überzahl sind im Vergleich zu den extremen „Hundefeinden" bzw. zu den so genannten „Hundefreunden". Negative Meldungen, die Sensation versprechen, sind offensichtlich wirkungsvoller für das große Publikum und verkaufen sich daher besser als positive Informationen.

Hund und Mensch, eine Partnerschaft

Hund und Mensch, eine Partnerschaft

Der verantwortungsvolle Hundefreund wird trotz seiner großen Bemühungen, sich kundig zu machen, bevor er einen Hund übernimmt, häufig vor große Probleme gestellt. Er wird oft in der Auswahl des Hundes falsch beraten, ebenso in der Haltung und vor allen Dingen in der Erziehung.

Die Auswahl des Hundes

▶ Der Rassehund

Der Mensch hat den Rassehund mit ganz bestimmten Zielen gezüchtet und damit wurden die Rassen durch bestimmte Merkmale gekennzeichnet. Entweder legte und legt man Wert auf ein entsprechendes Aussehen oder man versuchte, bestimmte Eigenschaften über die Selektion genetisch zu fixieren. In der heutigen Zeit wird bei der Züchtung zumeist beides berücksichtigt: Aussehen und Eigenschaften.

Entscheidet sich der Hundefreund für einen Rassehund, der beispielsweise für ganz bestimmte Aufgaben im Dienste des Menschen gezüchtet worden ist, so sollte er sach- und fachkundig aufgeklärt werden, wie er diesen speziell gezüchteten Eigenarten des Hundes gerecht werden kann.

Wie viele der früher gezüchteten Hütehundrassen zum Beispiel dürfen wirklich noch hüten? Der Hütehund ist gewöhnlich ein außerordentlich aktiver, lebhafter und geistig reger Hund. Ist er geistig unterfordert, wird er seiner Veranlagung entsprechend Ersatzhandlungen zeigen und z.B. beginnen, nicht vorhandene Fliegen zu fangen oder kleine, schwarze Steinchen zu hüten oder beim Spaziergang pausenlos ohne Sinn hin- und herzulaufen. Diese Verhaltensweisen können so entarten, dass das Zusammenleben mit dem Menschen empfindlich beeinträchtigt wird.

Fünf verschiedene Rassehunde: Deutscher Schäferhund, rauhaariger Belgischer Schäferhund, Deutsch Langhaar, Golden Rertriever und Dalmatiner (vlnr.).

Beispiel 1 *Der Besitzer eines Border Collies wandte sich an mich, weil seine einjährige Hündin beim Spaziergang unentwegt in die Luft spränge und, so wie es aussah, nach nicht vorhandenen Regentopfen schnappte. Weiterhin lauere sie jedem Auto auf und versuche es mit lautem Gebell zu fangen. Zu Hause gehe sie häufig auf Familienmitglieder los, wenn sie glaubte, sie hätten sich jetzt nicht zu bewegen. Ganz häufig verkrieche sie sich unters Bett oder in die hinterste Ecke des Wohnzimmers.*

Ich machte mir zunächst ein Bild vom Lebensraum dieser Hündin. Er war optimal: ein sehr großer Garten und ein schönes Haus auf dem Lande. Die Familienmitglieder waren alle mit der Aufnahme des Hundes einverstanden gewesen und man war bereit, alles für den Hund zu tun, damit er sich wohl fühlen könne. Das führte dazu, dass die Hündin als Welpe nur „Hund" sein durfte. Sie konnte die sozialen Gesetze, die für das Zusammenleben mit dem Menschen unerlässlich sind und im Welpenalter gelernt sein sollten, nicht kennen lernen. Sie durfte zunächst alles, wozu sie Lust hatte. Das wurde bald langweilig. Als sie dann dieses „merkwür-

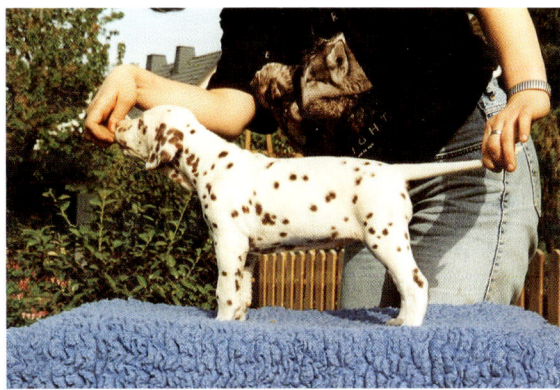

Bei der Zuchtzulassung werden auch die Anordung und die Form der Punkte bewertet.

dige" Verhalten an den Tag legte, waren ihre Menschen nicht in der Lage, regulierend einzugreifen. Sie schimpften zwar oder wiesen sie auch letztendlich körperlich zurecht, aber das verstand die Hündin nicht wirklich. Sie wurde unsicher. Es fehlte ihr die Ordnung im Zusammenleben mit ihren Menschen. Sie wusste nicht, dass nicht nur ihre Artgenossen, sondern auch die Menschen zu respektieren sind. Sie wurde über das negative Eingreifen des Menschen, das sie nicht einordnen konnte, verängstigt. Daher zeigte sie einerseits die ungezügelte Aggression und andererseits verkroch sie sich. Jeder Spaziergang mit

Border Collie, 3 Monate. Schon jetzt ist das ausgeprägte Hütebedürfnis zu erkennen.

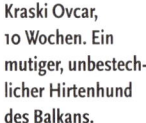

Kraski Ovcar,
10 Wochen. Ein
mutiger, unbestech-
licher Hirtenhund
des Balkans.

dieser Hündin wurde zur Qual, da sie entweder in die Luft sprang oder Autos zu jagen versuchte.

Ich beobachtete die Hündin und stellte fest, dass es sich hier um keinen zentralen Defekt handelte, sondern lediglich um eine völlige Unterbeschäftigung des Tieres und zusätzlich um mangelnde Achtung ihren Menschen gegenüber.

Da die Besitzer sehr aufgeschlossen und bereit waren, den Umgang mit ihrer Hündin zu lernen, war sie nach sechs Wochen intensiven Trainings wieder völlig „normal". Sie musste über das Vertrauen lernen, die Autorität ihrer Familie anzuerkennen. Damit verlor sie ihre Unsicherheit. Die familiären Attacken gaben sich von selbst.

Die übertriebenen Ersatzhandlungen, die sich im „Regentropfenfangen" äußerten, wurden zusehends weniger, da die Hündin sinnvoll über Such- und Apportieraufgaben beschäftigt wurde.

Das Jagen der Autos konnte ihr, nachdem sie die korrigierende Stimme ihrer Menschen ernst nahm und richtig einzuordnen wusste, untersagt werden. So holte sie die versäumte Sozialisierung mit dem Menschen nach und wurde zu einem echten „Familienmitglied".

Welchen Hirtenhunden ist es noch gestattet, die Herde zu bewachen und zu verteidigen? In Ermangelung einer zu bewachenden Herde sehen diese Hunde im allgemeinen die Familie als ihre „Herde" an. Ist die Familie also nicht sachgemäß auf die Eigenarten dieser Hunde vorbereitet, so ergeben sich oft Schwierigkeiten, wenn fremde Personen oder Freunde der Kinder das Grundstück oder das Haus betreten, weil jeder der nicht zur „Herde" gehört, vom Hund wie ein unliebsamer Eindringling behandelt wird. Auch den Artgenossen gegenüber sind die Herdenschutzhunde sehr stark territorial orientiert und sehen oft nicht nur Haus und Garten als ihr Territorium an, sondern auch noch den üblichen Spazierweg. Diese Hunde sind über Generationen mit dem Ziel gezüchtet worden, von ihrer Herde jeden Eindringling, ob Mensch oder Tier, nicht nur zu verjagen, sondern diesen, wenn sie ihn erwischen, unschädlich zu machen.

Beispiel 2 *Eine Familie, die etwas abgelegen wohnte, kaufte sich einen Hirtenhund mit der Begründung, er gefalle ihnen gut, sei groß und sehr wachsam. Diese Kriterien treffen bei einem Hirtenhund durchaus zu. Was diese Familie nicht wusste, war, wie viel Kraft so ein Hund hat und wie ausgeprägt seine Wachsamkeit und die Verteidigung seines Territoriums sind. Als der Hund das Alter von neun Monaten erreicht hatte, besuchte die Familie mit ihm erstmals eine Hundeschule. Er sollte über ein Stachelhalsband und den scharfen Ruck an der Leine zum langsamen Laufen erzogen oder besser gesagt: gezwungen werden. Diese „Erziehungsmaßnahmen" konnten nicht glücken, da sich ein Hirtenhund körperlich nicht zwingen lässt. Als Reaktion auf diese negativen Maßnahmen begann er aggressiv gegen Menschen und Hunde zu werden. Daraufhin erklärte man der Familie, dieser Hund sei nicht zu erziehen!*

In ihrem Dorf konnte sich die Familie nicht mehr mit dem Hund blicken lassen, da er bereits zwei seiner Artgenossen schwer verletzt hatte. Weiterhin konnte nur noch der Familienvater mit ihm spazieren gehen, weil kein anderes Familienmitglied mehr im Stande war, ihn zu halten. Schließlich wurde er in ein Tierheim abgegeben. Dieses Schicksal hätte dem Hund erspart bleiben können, wenn der Familie die Eigenschaften eines Hirten-

hundes bewusst gewesen wären. Schwerwiegender ist jedoch die Tatsache, dass die ernsthaft bemühten Hundebesitzer falsch beraten wurden. Die rüden Erziehungsmethoden verdarben den Hund, statt ihn in eine intakte „Hund-Mensch-Gemeinschaft" zu führen.

Hirtenhunde sind im Allgemeinen äußerst selbstbewusste Tiere, die im Welpenalter sehr sorgfältig mit dem Menschen sozialisiert werden müssen. Das bedeutet, dass diese Hunde die Autorität des Menschen nur dann wirklich akzeptieren, wenn sie über das Vertrauen entstanden ist. Kommen sie ins „Rüpelalter" und haben bis dahin ihre Grenzen deutlich gesetzt bekommen und sie auch verstanden, werden sie Anordnungen, die normalerweise nicht in ihrem arttypischen Programm verankert sind, wie selbstverständlich ausführen.

Deutsch Langhaar, 13 Jahre. Ein sehr erfolgreicher Rettungshund.

Wie viele der für die Jagd gezüchteten Hunde dürfen ihrer Aufgabe noch nachkommen? Selbst in den Händen von Jägern sind ihre Aufgabenbereiche auf ein Minimum geschrumpft, da sich die Jagdreviere und Jagdgewohnheiten

Kleine Münsterländer. Der Vater ist Jagdhund, die Tochter Familienhund.

deutlich verändert haben. Den Jagdhunden gemeinsam ist es, auch wenn sie für verschiedene jagdliche Aufgaben gezüchtet werden, dass sie im allgemeinen sehr schnell sind und entweder auf Sicht jagen oder mit tiefer Nase Wildfährten verfolgen. Sie entwickeln bei diesen Gelegenheiten erwünschte „Leidenschaft" und sind dann oft für den Menschen schwer ansprechbar. Dazu kommt noch, dass sie – sind sie bei der Jagd erfolgreich – auch töten. (Eine Ausnahme scheinen hier in vielen Fällen die Rassen Golden Retriever und Labrador zu machen.) Wie unangenehm ist es, wenn unsere Hunde uns plötzlich des Nachbars Katze, das Hauskaninchen oder die Hühner anbringen! Genau aus diesem Grunde werden einige Jagdhunderassen nur an Jäger abgegeben. Taugt der Jagdhund jedoch nichts oder fällt ein unerwünschter Wurf, werden diese Jagdhunde, die sicher die gleiche Genetik wie der gewollte Wurf haben, bedenkenlos an Privatpersonen abgegeben. Wo ist hier die Logik?

Der Mensch wird beim Züchten von Hunden mehr denn je in die Verantwortung gezogen. Er muss vernünftig züchten und die psychischen, physischen und geistigen Bedürfnisse der Hunde kennen, bevor er das neben der Katze mit uns am meisten verbundene Haustier durch unsachgemäße Zucht verunstaltet sowie durch falsche Behandlung quält und misshandelt.

▶ Der Mischlingshund

Viele Hundefreunde entscheiden sich für einen Mischlingshund. Es ist oft schwer zu erkennen, welche der vielen verschiedenen Hunderassen in so einem Tier stecken. Und trotzdem besteht oftmals die Möglichkeit herauszufinden, welche Rassen im Hund kombiniert sind. Der erfahrene Hundefreund wird nicht nur über das Aussehen des Hundes seine Schlüsse ziehen können, sondern er erkennt über das Verhalten des Mischlingshundes, welche Rassen bei der Kombination beteiligt waren. Wie schon erwähnt, wurden bei bestimmten Rassen bestimmte Verhaltensmerkmale über die Zucht fixiert, die wiederum beim Mischlingshund deutlich auftreten. Daher sollte sich auch hier der Hundefreund genau überlegen, ob der gewählte Hund in sein Lebensumfeld hineinpasst.

Es gibt viele Gründe, warum sich der Mensch für einen Mischlingshund entscheidet. Er glaubt z.B., ein solcher Hund sei gesünder als ein Rassehund. Dieser Meinung kann ich nur bedingt zustimmen. Wir können davon ausgehen, dass der Inzuchtkoeffizient bei einem Mischlingshund niedriger liegt als beim Rassehund. Das kann sich durchaus positiv sowohl auf das Skelett als auch auf die körperlichen Funktionen auswirken. Andererseits können erb-

Mischlingshund, ca. 1 Jahr

lich bedingte Krankheiten bei der Paarung von verschiedenen Rassen an den Mischlingshund natürlich genauso weitergegeben werden wie an den Rassehund. Damit können die gleichen Män-

Windhundmischling aus Mallorca. Nach zweijährigem Aufenthalt im Tierheim lebt er jetzt in einer Familie.

Doggenmischling (ca. 3 Monate) aus Sizilien. Er wurde halb verhungert und misshandelt aufgefunden.

gel wie bei einem Rassehund auftreten. Ich möchte hier nicht zum Ausdruck bringen, dass Rassehunde von Krankheiten befallen sind. Es ist aber unbestritten, dass manche Rassen in bestimmten Bereichen gehäuft gesundheitliche Probleme zeigen.

Viele Hundefreunde wenden sich an Tierschutzvereine oder andere entsprechende Organisationen, um armen, herrenlosen Hunden (sie sind zumeist Mischlingshunde) wieder ein Zuhause geben zu können. Wenn Hunde in einem Tierheim landen, hat dies vielerlei und sehr unterschiedliche Gründe. Wir können davon ausgehen, dass der Vorbesitzer mit seinem Hund Probleme hatte oder sich die familiären Verhältnisse so verändert haben, dass die Haltung eines Hundes nicht mehr möglich war. In einigen Fällen ist der Hund aufgrund einer Verordnung von Behörden enteignet und in ein Tierheim gesteckt worden.

Manche Hunde werden „ordnungsgemäß" vom Besitzer abgegeben, wo-

bei der Grund für die Abgabe sehr oft nicht der Wahrheit entspricht. Oft werden die Hunde einfach ausgesetzt. Sowohl im ersten wie auch im zweiten Fall kann zunächst über die Persönlichkeit des Hundes nichts oder wenig ausgesagt werden. Mancher Hund verhält sich im Tierheim in seinem Zwinger ausgesprochen aggressiv, findet er dann trotzdem ein neues Zuhause, zeigt er sich völlig friedlich, da er innerlich zur Ruhe kommen kann. Manchmal sind die Hunde zurückhaltend und unauffällig im Tierheim, werden sie aber abgegeben und haben sich in ihr neues Zuhause eingelebt, dauert es nicht lange, bis sie sich unerwartet aggressiv verhalten. Der Grund für so eine Verhaltensänderung liegt häufig darin, dass diese Hunde ihr Selbstbewusstsein wieder gefunden haben und nun zeigen wollen „wer sie sind". Der Hundefreund ist jetzt gefordert. Er muss zunächst sein Mitleid, das er für diesen Hund verständlicherweise empfindet, in den Hintergrund stellen (jetzt ist der Hund nicht mehr „arm", denn er hat ja ein wunderbares Zuhause gefunden!), und muss ihm *ohne Aggression* die Ordnung zeigen, die für die neue Lebensgemeinschaft erforderlich ist.

Allen Fällen gemeinsam ist, dass der Hund bereits ein trauriges Schicksal hinter sich hat. Es kommt bei der Vermittlung dieser Hunde sehr stark darauf an, wie geschult und ehrlich die Vermittler der entsprechenden Organisationen sind. Es müssen dem Interessenten für einen Hund die Vorgeschichte und alle Auffälligkeiten, die den Betreuern dieser Hunde aufgefallen sind, mitgeteilt werden, auch mit dem Risiko, dass dann das Tier nicht übernommen wird.

Beispiel 1 *Eine Familie mit drei Kindern ohne Hundeerfahrung möchte einen kleinen bis mittelgroßen Hund und wendet sich deshalb an eine Tiervermittlung. Sie bekommt einen drei Monate alten Rüden aus Spanien. Es wird dem neuen Besitzer überzeugend erklärt, dass dieser Hund höchstens Kniehöhe erreiche. Auf die Aussage vertrauend, entscheidet sich die Familie für diesen Hund. Die Überraschung lässt nicht lange auf sich warten. Dieser „kleinwüchsige" Hund entwickelt sich zu einem großen Herdenschutzhundmischling mit den entsprechenden Eigenschaften. Jetzt ist die Familie völlig überfordert, denn der Hund verteidigt Haus und Garten und ebenso sein „Familienrudel". Da die Besitzer verantwortungsbewusst sind, geben sie sich alle Mühe, mit diesem großen und selbstbewussten Hund fertig zu werden. Ich glaube, als Tiervermittler sollte man bei einem Hund im Alter von drei Monaten die Größe in etwa einzuschätzen wissen. Die Familie hätte sich gewiss nicht für diesen Hund entschieden.*

Ein Tierfreund, der sich für so einen herrenlosen Hund entscheidet, muss also vor der Übernahme sehr gut über die Persönlichkeitsmerkmale des zu übernehmenden Tieres aufgeklärt sein, damit er sich entsprechend vorbereiten

Der kleine Mischling (3 Jahre) fand das Glück in seiner Familie.

kann. Es gibt bereits einige Tierheime, die vor der Abgabe eines Hundes den interessierten Hundefreund mit dem gewählten Tier trainieren, um deutlich zu machen, wo die Stärken bzw. die Schwächen des Hundes liegen. Auf diese Weise können sowohl dem Hund als auch dem neuen Besitzer Enttäuschungen erspart bleiben, denn es ist vorher klar geworden, ob die Persönlichkeit des Hundes in das entsprechende Um-

Der Mischling (4 Jahre) ist ein geschätzter Rettungshund.

Ein Kleiner Münsterländer arbeitet in seinem „Beruf".

Der Deutsche Schäferhund (19 Monate) wieder resozialisiert.

feld passt. Viele Hunde haben auf diese Weise ein für sie wieder wirklich lebenswertes Leben erhalten. Oft zeigen sie überdurchschnittliche Leistungen in verschiedenen „Berufen" z.B. als Rettungshund, Jagdhund, begleitender Therapiehund oder als stolzer Familienhund. Tierheimhunde können also, auch wenn sie einen längeren „Heimaufenthalt" hatten, durchaus rehabilitiert werden und wieder zu „normalen" Hunden werden. Die Voraussetzung ist, dass sie entsprechend verständnisvoll und einfühlsam gefördert und gefordert werden.

Beispiel 2 *Ein Hundefreund, der aus ei-*

nem Tierheim einen Deutschen Schäferhund im Alter von 15 Monaten übernommen hatte, war darüber aufgeklärt worden, dass dieses Tier bereits das zweite Mal zurückgegeben worden war, weil es sowohl innerhalb der Familie als auch außerhalb äußerst aggressiv war. Sollte auch dieses Mal der Hund zurückkommen, werde er eingeschläfert. Der neue Besitzer machte die gleichen Erfahrungen wie seine Vorgänger. Der Hund zeigte sich sehr wenig kooperativ. Ich beobachtete das aggressive Verhalten und analysierte es. Nach meiner Einschätzung hatte dieser Hund nie gelernt, sich dem Menschen gegenüber sozial zu verhalten. So ermutigte ich den Hundefreund, diesem Hund noch ein wenig Zeit zu lassen. Der Hund musste lernen, den Menschen zu respektieren ohne vor ihm Angst zu haben. Das bedeutete, dass sich der neue Hundebesitzer zunächst in seiner positiven Zuwendung zum Hund sehr zurückhaltend zeigen sollte. Auf diese Weise konnte der Hund nicht mehr signalisieren: „Lass Dein Streicheln, Du gehst mir auf die Nerven!" Die positive Zuwendung musste gut eingeteilt werden, damit der Hundefreund immer das Ende der Zuwendung setzen konnte. Weiterhin musste

äußerste Konsequenz gezeigt werden, damit sich der Hund genau orientieren konnte und lernte, seinen Menschen zu respektieren. Wir benötigten nur acht Trainingseinheiten, bis dieser Hund wieder Vertrauen zum Menschen bekam und damit zu einem umgänglichen und freundlichen Partner des Menschen wurde. Dieser Hund wurde offensichtlich im Zusammenleben mit dem Menschen immer missverstanden.

In den letzten Jahren zeichnet sich die Tendenz ab, Hunde aus südlichen bzw. südöstlichen Ländern nach Deutschland zu holen. Es handelt sich um die so genannten Straßen-, Strand- und „Wegwerf"-Hunde. Diese ohne Besitzer lebenden Tiere schließen sich in losen Hundegemeinschaften zusammen und sind daher untereinander gut organisiert. Die Einhaltung der unter Hunden üblichen sozialen Gesetze wird von den dominanten Hunden deutlich gefordert und von den unterlegenen Hunden peinlich genau befolgt.

Die Sozialisation mit dem Menschen erfolgt bei diesen Hunden naturgemäß nicht im Welpenalter von etwa acht bis zwölf Lebenswochen, sondern erst dann, wenn der Junghund eine gewisse Selbstständigkeit erreicht hat und den Menschen mehr oder weniger als „Futterquelle" entdecken konnte. Werden diese Hunde gefangen und in „geordnete" Menschengemeinschaften vermittelt, hängt die Integration der Tiere stark von ihrer Fähigkeit ab, sich an die neue Lebenssituation anpassen zu können.

Ganz häufig zeigen sich diese Hunde dann ängstlich und lassen sich schwer „erziehen". Sie verstehen oder akzeptieren die Forderungen des Men-

Straßenhund in Ägypten

schen nicht, die in diesem „neuen" Leben an sie gestellt werden.

Die Diskrepanz bei vielen dieser Hunde liegt darin, dass sie einerseits selbstbewusst und unter Hunden sehr gut sozialisiert sind und andererseits nicht zum richtigen Zeitpunkt den familiären Umgang mit dem Menschen lernen konnten. Oft zeigen sie unangenehm abwehrende Aggression. Mancher Hund verweigert jeden positiven Kontakt oder er ist unkontrolliert aufdringlich und „liebebedürftig", weigert sich aber, gemeinsam mit dem Menschen zu handeln. Er lässt sich nichts gefallen und nimmt jedes missverständliche Verhalten des Menschen sozusagen übel.

Für uns Menschen, die wir uns für so ein „armes" Tier entschieden haben, entstehen dadurch echte Probleme im Umgang mit ihm. Der Hundefreund ist daher besonders darauf angewiesen, fachkundig auf die Eigenarten des entsprechenden Hundes vorbereitet zu werden.

Diese Hunde müssen mit „stiller Autorität" sicher und konsequent geführt werden. Das aktive Flucht- oder auch das aktive Aggressionsverhalten, das so ein Hund oft zeigt, wird mit ruhigem Abwarten solange abgefangen, bis er wieder ansprechbar ist. Dann wird er freundlich, aber bestimmt weiter geführt. Laute Drohstimmen und negative Körpereinwirkungen werden den Hund mehr und mehr verunsichern und das entsprechende Verhalten fördern statt es abzubauen.

Die Eingewöhnung des Hundes

Die Entscheidung für die Wahl des Hundes ist gefallen. Jetzt stellt sich die Frage: Wie soll der Hund in seinen neuen Lebensbereich integriert werden?

▶   **Das Alleinesein**

Wir sollten uns immer vor Augen halten, dass der Hund ein geselliges Tier ist, das ausgeprägte soziale Bedürfnisse

Wegwerfhund, 18 Tage, eine Deutsche Dogge

hat. Vereinsamung und Isolation bedeuten für jeden Hund eine schwere psychische Belastung. Diese ist für uns Menschen oft nur schwer einzuschätzen, weil die Symptome, die bei dieser sozialen „Unterversorgung" in Erscheinung treten, sehr unterschiedlich sein können. Es treten häufig Krankheiten auf, die schwierig zu behandeln sind, weil der Hund nicht auf die Medikamente anspricht. Häufig zeigt der Hund unangenehme Verhaltensweisen, wie z.B. Zerstörungswut, ständiges Jaulen oder Bellen, Aggressionsverhalten und sehr oft auch schwere Depressionen.

Übernehmen wir also einen Hund, müssen wir vorher wissen, ob wir es so einrichten können, dass er sein Bedürfnis nach Geselligkeit erfüllt bekommt. Dies ist die Voraussetzung für das Halten eines Hundes. Es spielt in diesem Falle keine Rolle, ob wir einen Welpen oder einen erwachsenen Hund übernehmen. Das Alleinesein ist für den Hund besonders belastend und muss gut trainiert werden. Der Hund muss lernen, dass *alleine sein* nicht gleich bedeutend ist mit *verlassen sein*.

Beispiel Ein Hundefreund ruft mich an und erzählt mir, dass er sich einen acht Wochen alten Herdenschutzhund kaufen wolle. Er sei aber mindestens acht Stunden am Tag von zu Hause weg. Der Züchter habe ihm geraten, den kleinen Hund von Anfang an in einen Zwinger oder einen Raum zu sperren, damit er das Alleinesein lernen könne, denn wenn er so lange arbeiten müsse, sollte der Welpe von Anfang an daran gewöhnt sein.

Dies war ein schlechter Rat, obgleich er häufig gegeben wird. Stellen wir uns einen Welpen vor, der geborgen mit sei-

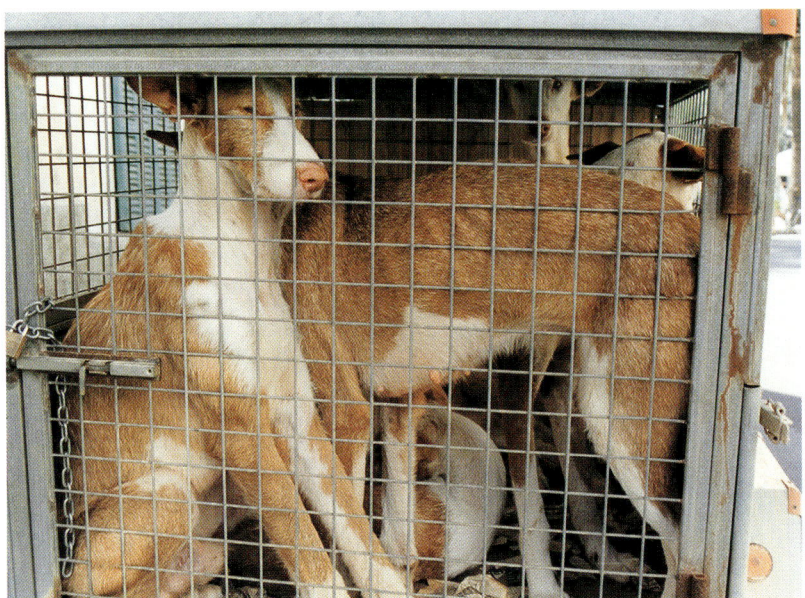

„Überflüssige" spanische Windhunde

nen Geschwistern und der Mutter und vielleicht noch anderen in dieser Gemeinschaft lebenden Hunde lebt. Unbefangenes Spiel, gemeinsames Schlafen und Fressen. Das ist der Alltag eines Welpen. Jetzt wird er aus dieser Geborgenheit und Gemeinschaft herausgenommen und in die menschliche Gemeinschaft hineingesetzt. Der kleine Hund würde sich freiwillig nicht dieses neue Leben ausgesucht haben, denn er konnte vorher alle seine Bedürfnisse zufriedenstellen. Und nun wird er isoliert, damit er das Alleinesein gleich lernen kann! Hier bedarf es keiner Erklärungen mehr. Mein Rat an den Hundefreund war, dass er klären müsse, wer seinen Hund in der Zeit, in der er seiner beruflichen Tätigkeit nachgehe, übernehmen könne. Viele berufstätige Menschen möchten gerne einen Hund halten, tun dies jedoch nicht, weil sie die Berufszeit nicht überbrücken kön-

nen. Findet sich keine für den Hund gute Lösung, zeigt sich der wahre Hundefreund, denn er wird sich seinen Wunsch nicht erfüllen – dem Hund zuliebe!

Die gleichen Überlegungen gelten natürlich auch für den erwachsenen Hund. Übernehmen wir einen schon älteren Hund, so müssen wir ihm die Geselligkeit, die Geborgenheit und das Vertrauen uneingeschränkt schenken. Erst, wenn der Hund sich in seinen neuen Lebensbereich eingelebt hat, können wir ihm mit einem gezielten Training langsam vermitteln, dass er, ist er von uns getrennt, nicht verlassen, sondern nur für einen bestimmten Zeitraum alleine ist und ihm auch ganz sicher keine Gefahr droht.

▶ **Übungen für das Alleinesein**
Zunächst lernt der Hund in einem geschlossenen Raum alleine zu sein. Da-

zu ritualisieren wir eine Handlung. Wir verwenden einen großen Einkaufskorb oder einen Anorak, den wir für den Hund in dem Raum, in dem er sich alleine aufhalten soll, gut sichtbar postieren. Bei dieser Aktion ist der Hund dabei. Jetzt teilen wir ihm mit, dass wir gehen und er warten muss. Wir verlassen den Raum und schließen die Tür. Zunächst bleiben wir in der Nähe. Nach kurzer Zeit betreten wir geschäftig den Raum wieder, grüßen den Hund zunächst nicht, sondern greifen nach dem Anorak, tragen ihn z.B. wieder an die Garderobe. Erst nach dieser Aktion wenden wir uns wieder dem Hund zu, sprechen mit ihm und machen mit ihm einen kleinen Spaziergang. Diese Zeremonie können wir am Tag etwa vier bis fünf Mal wiederholen. Wir beginnen die Zeit der Trennung langsam zu steigern. Bleibt der Hund ruhig und beginnt er diese zeremonielle Handlung

zu verstehen, fangen wir an, jetzt wieder für nur kurze Zeit, die Wohnung bzw. das Haus zu verlassen. Das Ritual bleibt gleich, wir kommen zurück, grüßen den Hund nicht, räumen den Anorak auf und kümmern uns dann erst um den Hund.

Der Sinn dieses Trainings liegt in der Ritualisierung einer Handlungskette, die zunächst nichts mit dem Hund zu tun hat. Der Hund wartet nicht mehr darauf, dass er „getröstet" wird, weil er alleine bleiben musste, sondern er lernt zu warten bis der Anorak aufgeräumt ist. Letztendlich wartet er unaufgefordert im Raum so lange bis der Anorak „den Raum verlassen" hat. Der psychologische Hintergrund liegt darin, dass der Hund nicht darauf wartet, dass er gegrüßt und gestreichelt wird, sondern darauf, dass der Anorak verschwindet und er endlich an die Reihe kommt.

Bearded Collie (15 Jahre) und Border Terrier (13 Jahre), zwei glückliche Familienhunde

Zur Psychologie des Lernens

Zur Psychologie des Lernens

An diesem Beispiel des Trainings für das Alleinesein des Hundes erkennen wir, wie viele Gedanken wir uns machen müssen, bevor wir einen Hund „erziehen". Wollen wir ihn harmonisch in unsere menschliche Lebensgemeinschaft integrieren, muss er bestimmte Verhaltensweisen erlernen, die dem Leben eines Hundes absolut konträr sind. Das Beispiel des Alleine-seins macht uns das deutlich. Ohne den „Anderen" fühlt sich der Hund verlassen, unsicher und bedroht.

Ein Hund wird nie verstehen, warum er auf der Straße an einer kurzen Leine laufen muss oder nicht jeden Dreck fressen darf, warum er keine Hasen oder Rehe jagen darf und warum er nicht zu jedem Hund oder auch nicht zu jedem Menschen gehen

Ein Hund wird nie verstehen, warum er ständig stranguliert wird. Seine Reaktion ist Aggression.

darf. Er muss also Verhaltensweisen lernen, für die er keine oder zuviel Motivation hat. Aus diesem Grunde machen wir jetzt einen kleinen Ausflug in die Lernpsychologie.

Die Lernfähigkeit

Definition Die Lernfähigkeit ist die Möglichkeit eines Individuums, Informationen aufzunehmen, diese zu speichern, und sie zu einem späteren Zeitpunkt als Reaktion auf einen entsprechenden Reiz wieder zu verwenden. Die Informationen können sowohl aus der Umwelt als auch aus dem eigenen Körper stammen.

Lernen ist nichts Statisches, sondern ein Vorgang.

Um lernen zu können, muss das Individuum auch lernfähig sein. Als Voraussetzung gilt, dass die Sinnesorgane, das Nervensystem, die Großhirnrinde und der Bewegungsapparat eines Tieres funktionstüchtig sind.

Der Vorgang des Lernens

▸ Den Ausgangspunkt eines Lernvorganges bildet stets eine Reizsituation.
▸ Im weiteren Verlauf des Lernens findet die psychische Bewertung statt. Das bedeutet: Die wahrgenommene Situation wird vom Tier bewertet.
▸ Hierauf folgt gewöhnlich eine Handlung des Tieres als Reaktion auf den anfänglichen Reiz.
▸ Auf die Wiederholung des Reizes wird das Tier entsprechend der Erfahrung, die es in einer Reizsituation gemacht hat, reagieren. Zunächst können die Reaktionen noch unkontrolliert ausfallen, werden aber auf Grund der Lernfähigkeit immer gezielter mit

einer bestimmten Reaktion beantwortet. Zeigt das Tier als Reaktion immer die gleiche Handlung, ist der Lernvorgang abgeschlossen.

Die Reizsituation

Eine Reizsituation kann entweder im Organismus des Tieres selbst entstehen oder aus der Umwelt auf das Tier einwirken. Ein Beispiel für Reizsituationen, in denen das Tier von „innen" stimuliert wird, soll folgender Versuch veranschaulichen:

„Laboratoriumsratten erhielten an den Enden zweier Gänge, die von einer Verzweigungsstelle ausgingen, Futter oder Wasser, und zwar beispielsweise stets im rechten Gang Futter und im linken Wasser. Zum Test wurden sie in gesättigter, aber durstiger Verfassung, oder aber sehr hungrig und nicht durstig ins Labyrinth gelassen. Ergebnis: Die Tiere bevorzugten jeweils den ihrer inneren Verfassung entsprechenden Gang." (KENDLER in HASSENSTEIN)

Ein Beispiel für Reizsituationen, in denen das Tier von „außen" stimuliert wird:

„Würmer, die über elektrische Strafreize dressiert wurden, konnten in Laborversuchen lernen, in eine dunkle Kammer zu kriechen." (RENSCH)

Dieses Beispiel der Wurmdressur habe ich bewusst gewählt, da es sich biologisch gesehen um einfach strukturierte Lebewesen handelt. Damit möchte ich zeigen, dass auch hier Lernprozesse möglich sind. Zugleich erfahren wir, wie gelernt wird. RENSCH spricht von Strafreizen. Dies beinhaltet, dass die Reize von außen vom Wurm bewertet wurden: Der Stromreiz war für das Tier unangenehm, daher wurde er gemieden und die dunkle Kammer als Ausweichmöglichkeit bevorzugt.

Ein Beispiel für Reizsituationen, in denen das Tier erst die Reaktion der Umwelt auf eine von ihm ausgeführte Handlung hin wahrnimmt und abhängig davon seine Handlung darauf einstellt:

„Aus Erregung hatte in einem Zoo ein kleiner Affe, der immer von den stärkeren Tieren weggedrängt worden war, auf der Stelle zu springen angefangen. Das hatte die Aufmerksamkeit von Zoobesuchern erregt, die ihm nun über die anderen Tiere hinweg Futter zuwarfen. Daraufhin verknüpfte sich in dem Tier der Antrieb zum Nahrungserwerb mit dem erfolgreichen Verhalten: je größer der Hunger, desto häufiger wurde nun sein Hüpfen auf der Stelle." (HASSENSTEIN)

Die psychische Bewertung

Nachdem wir die verschiedenen Reizsituationen betrachtet haben, wenden wir uns der Bewertung der erlebten Reize zu. Wir haben am Beispiel des Wurmes erkannt, dass auch ein Wurm eine Reizsituation wahrnimmt und als Reaktion eine gezielte Handlung folgen lässt. Werden diese Reaktionen auf einen bestimmten Reiz hin immer in der gleichen Weise ausgeführt, so hat auch ein Wurm gelernt.

Ich gebe zu, dass es schwer fällt, bei Würmern von Lernpsychologie zu sprechen. Mit diesem Beispiel möchte ich jedoch die einfachste Reaktion auf Umweltreize verdeutlichen. Eine Reaktion, die im Tierreich, aber auch beim Menschen, in allen Lebensbereichen unendlich oft vorkommt.

Jede Information, die das Tier er-

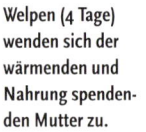

Welpen (4 Tage) wenden sich der wärmenden und Nahrung spendenden Mutter zu.

hält, kann von ihm entweder positiv oder negativ empfunden und bewertet werden.

Bei der Beobachtung von Hundewelpen können wir bereits am ersten Lebenstag erkennen, dass ein Welpe zwischen angenehmen und unangenehmen Reizen unterscheidet. Er zeigt dies, indem er sich dem Angenehmen, z.B. der wärmenden Mutter, zuwendet oder sich von dem Unangenehmen, z.B. von einem kalten Eisblock oder einem bitteren Geschmack, abwendet.

Genau an diesen Reaktionen können wir ablesen, in welcher psychischen Lage sich der Hund befindet. Wendet er sich einem Reiz zu, schließen wir daraus, dass er psychisch positiv gestimmt ist. Wendet er sich ab, folgern wir, dass er den Reiz negativ empfindet. Die psychische Bewertung, die der Hund einem Reiz gegenüber zeigt, können wir also nicht objektiv messen, sondern nur über das Ausdrucksverhalten, das der Hund in einer bestimmten Situation zeigt, vermutend interpretieren. Natürlich wird die Auslegung eines bestimmten Verhaltens um so genauer, je besser wir das Ausdrucksverhalten, also die Körpersprache und die Lautäußerungen unseres Hundes kennen.

Der Abschluss der Handlung

Ein Tier stellt seine Handlung ein, wenn die Bedürfnisbefriedigung erfolgt ist. Hierbei kann es sich um eine physische Bedürfnisbefriedigung wie die von Hunger oder Durst handeln, oder um die psychische Bedürfnisbefriedigung wie z.B. die positive Zuwendung zum Artgenossen. Dieses Bedürfnis finden wir immer bei hoch entwickelten Säugetieren, die in sozialen Gemeinschaften leben.

Der Lernvorgang ist jedoch erst beendet, wenn ein Tier auf eine bestimmte Situation hin immer die gleiche Handlung folgen lässt. Hierbei ist es von außerordentlich großer Bedeutung, dass das Tier nicht nur die Reizsituation im Gedächtnis speichert, sondern auch die mit der Reizsituation verbundene psychische Bewertung. So können wir verstehen, dass sich Tiere einer Art in der gleichen Reizsituation unterschiedlich verhalten, je nachdem wie sie die Reizinformation bewerten.

„Acht Goldammern erhielten in einem Beobachtungskäfig Pfauenaugen als Beute-Insekten. Diese Schmetterlinge haben gegenüber Feinden eine besondere Schreckreaktion: Sie öffnen schnell, begleitet von einem zischenden Laut, ihre Flügel und demonstrieren so ihre großen bunten Augenflecke – ein Anblick, der Singvögel erschreckt und in die Flucht schlägt. Sämtliche Goldammern machten Erfahrungen mit den Pfauenaugen. Das Ergebnis war bei sechs Tieren, dass sie sich bald nicht mehr um die Schreckreaktionen der Schmetterlinge kümmerten und immer kürzere Zeit zögerten, sie zu fangen und zu verzehren; bei den anderen Vögeln verstärkte sich jedoch von Mal zu Mal die Furcht vor den Faltern, und sie mieden sie schließlich schon auf ihren bloßen Anblick hin, ohne dass die Schreckreaktion überhaupt zu erfolgen brauchte.“ (BLEST in HASSENSTEIN)

Die Motivation

Wir haben uns bis jetzt mit der Lernfähigkeit und dem Vorgang des Lernens beschäftigt. Wir wollen uns nun noch mit der Motivation, das ist die psychische Bereitschaft eine Handlung ausführen oder nicht ausführen zu wollen, befassen. Soll ein Tier etwas lernen, braucht es also die Motivation dazu.

▸ Die positive Motivation

Lernt ein Tier freiwillig, so zeigt es positive Motivation, also spontane psychische Bereitschaft, etwas zu lernen.

Einerseits ist von der Motivation abhängig
- ▸ wie viel ein Hund lernt,
- ▸ wie schnell ein Hund lernt,
- ▸ wie lange ein Hund das Gelernte behält.

Andererseits ist die Motivation abhängig
- ▸ von der Intensität eines Reizes
- ▸ von der Häufigkeit, mit der er gegeben wird.

Die psychische Bereitschaft zu lernen, hängt wiederum von der Stimmung ab, in der sich ein Hund befindet.

Den Antrieb zum Lernen finden wir überaus deutlich im angeborenen Neugier-, Erkundungs- und Spielverhalten.

Selbstverständlich kann ein Hund, auch bei optimalen Voraussetzungen, nicht unendlich lernen. Dem Speicherungsvermögen sind Grenzen gesetzt, wohl weniger, weil die Kapazität der entsprechenden Zentren nicht ausreicht, sondern vielmehr, weil aufgenommene Lerninhalte einander überlagern und stören können. Es kann also nur eine bestimmte Menge an Informationen aufgenommen und später reproduziert werden.

Wir müssen auch hier das Motivationsgeschehen von zwei Perspektiven aus betrachten. Einmal die Bereitschaft, lernen zu wollen, die von dem Tier selbst ausgeht. Zum anderen die Förderung oder die Hemmung der Lernbereitschaft durch den Menschen,

Golden Retriever (4 Monate). Ein Hund kann nur lernen, wenn er psychisch dazu bereit ist.

wodurch das Motivationsgeschehen beeinflusst wird.

In meiner Studie, die ich mit Welpen von der 8. bis zur 18. Lebenswoche durchführte, hatte ich eine Hündin, die zwischen der 9. und 13. Lebenswoche bei völliger Gesundheit nur schlief und mit Begeisterung fraß. Es war mir nicht möglich, mit ihr zu spielen oder sie zu irgendwelchen Aktivitäten zu ermuntern. Sie zeigte absolut keine Bereitschaft, etwas zu unternehmen. Ab der 13. Lebenswoche war plötzlich Aktivität zu erkennen, so dass sie nun mit großem Eifer bei allem, was es zu lernen gab, freudig dabei war.

Wenn der innere Antrieb, etwas zu tun, fehlt, können die positiven Reize von außen noch so geschickt gesetzt werden, das Tier wird keine Motivation zeigen und damit auch nichts lernen.

▶ Die negative Motivation

Die Bereitschaft eine Handlung auszuführen, hängt einmal vom inneren Antrieb ab und zum anderen von der Erfahrung, die der Hund in einer bestimmten Situation gemacht hat. Einer Erfahrung wiederum liegt immer eine individuelle psychische Bewertung zugrunde. Danach richtet sich, ob der Hund seine Handlung ausführen will oder nicht.

Im Zusammenleben mit dem Menschen wird der Hund jedoch gar nicht gefragt, ob er will oder nicht. Will er, hat der Mensch kein Problem; will er nicht, so muss er! Wir kennen das unschöne Zitat von Goethe „... und bist du nicht willig, so brauch' ich Gewalt!" So kann der Mensch – und leider tut er es auch bedenkenlos – den Hund über Zwang motivieren.

Das bedeutet: Ein Hund – im eben erwähnten Beispiel war es ein Regenwurm – fürchtet sich vor etwas Unangenehmen, z.B. einem elektrischen Stromstoß oder einem harten Ruck am Halsband, beides ist für ihn eine negative mit Schmerz verbundene Körpereinwirkung. Er wird versuchen, den Schmerzen auszuweichen und wird aus Angst vor nochmaliger Schmerzeinwirkung eine vom Menschen gewünschte Handlung ausführen. Das bedeutet: Der Hund hat Angst vor einer negativen Körpereinwirkung und wird dadurch negativ motiviert. Er wird also zu einer Handlung gezwungen, die er freiwillig nicht ausgeführt hätte. Aus Furcht vor einer unangenehmen, körperlichen Einwirkung zieht er das etwas weniger Unangenehme, nämlich die nicht gewollte Handlung auszuführen, vor. Als Folge davon führt der Hund seine vom Menschen gewünschten Handlungen so lange aus, wie er weiß, dass der Mensch einwirken kann. Oder er führt die Handlungen nur an einem bestimmten Ort aus, nämlich da, wo er sie gelernt hat.

Eine andere Reaktion, dem Zwang zu entgehen, ist die psychische Blockade. Der Hund reagiert nicht mehr mit der gewünschten Handlung auf die menschliche Forderung. Er zeigt Angst und weicht aus. Bleibt die Angst dauerhaft bestehen, wird der Hund mit Depressionen und Krankheiten reagieren oder aber mit aggressiven Ausgleichshandlungen dafür sorgen, seinen inneren Spannungen „Luft" zu machen.

Da Hunde überaus kooperativ und friedlich sind, möchten sie mit dem Menschen trotz alledem harmonisch zusammenleben. So gibt es unter Hunden psychisch stabile und ausgeprägte Persönlichkeiten. Diese lassen sich Tricks einfallen, den negativen Körpereinwirkungen zu entgehen und versuchen dabei, ihren Menschen positiv zu stimmen.

Beispiel *Ein Hund sollte als Lawinen- und Flächensuchhund ausgebildet werden. Er wurde zum Grundgehorsam mit sehr rüden Ausbildungsmethoden gezwungen. Der Hundeführer war mit seinen Ausbildungsergebnissen sehr zufrieden. Er bemerkte allerdings nicht, wie freudlos sein Hund war und wie er beim Spaziergang immer nur hinter ihm her lief. Der Hund hatte resigniert. Jetzt kam es zur „Berufsausbildung“. Hierbei musste der Hund lernen, verschüttete bzw. in der Fläche vermisste Personen zu suchen, zu finden sowie seinem Menschen mitzuteilen, dass er und wo er gefunden hatte. Gelehrig verstand der Hund seine Aufgabe, aber er spürte seine Chance! Er fand heraus, dass er seinen Hundeführer täuschen konnte. Er gab vor, intensiv und konzentriert, ohne sich ablenken zu lassen, mit tiefer Nase zu suchen. Er fand aber nicht! Ausdauernd suchte er kleine Flächen ab, lief über den versteckten Gegenstand oder den versteckten Menschen einige Male und konnte leider das zu Suchende nicht finden! Da der Hund aber so „eifrig“ suchend bemüht war, entschuldigte der Hundeführer dieses nicht zum Erfolg führende Verhalten, sah es nicht als Versagen an und war freundlich zu ihm. Er gab ihn jedoch, weil er ihn für „unfähig“ hielt, ab. Ein Freund des Hundeführers übernahm den Hund. Mit diesem hatte er keine negativen Erziehungsmethoden erfahren. Jetzt waren die Suchen, nachdem der Hund Vertrauen zu seinem* „neuen“ *Sozialpartner gefunden hatte, erfolgreich!*

Das motorische Lernen

Auch wenn wir von verschiedenen Lernformen sprechen, ist immer der oben beschriebene Lernvorgang vorausgegangen. Wir sprechen von motorischem Lernen immer dann, wenn ein Individuum in einer bestimmten Situation in seinem Verhalten stets dieselbe Bewegungsfolge zeigt. Die Situation wird zum Auslöser für einen ganz bestimmten Handlungsablauf.

Ein Hund läuft beispielsweise, um zum Ausgang eines Gartens zu kommen, immer 20 Meter am Zaun entlang. Nach einer bestimmten Zeit wird der Zaun entfernt. Trotzdem läuft der Hund noch immer die gewohnten 20 Meter, obgleich er ohne weiteres direkt aus dem Garten gehen könnte. Der Hund ist an diesen Bewegungsablauf so sehr gewöhnt, dass seine Bewegungen gleichsam „automatisch“ ablaufen.

Beispiel *Ich trainierte meine Jagdhündin, sich auf den Trillerton einer Pfeife sofort zu legen. Da sie das Problem hatte, beim Laufen immer schneller und schneller zu werden, geriet sie mir auf diese Weise außer Kontrolle. Jetzt sollte sie lernen, sich auf den Trillerton schnell zu legen, bevor sie eine bestimmte Laufgeschwindigkeit erreichen konnte. Gelehrig wie sie war, verstand sie sehr schnell, was der Trillerton bedeutete und legte sich auf diesen Pfiff. Ich rief sie immer nach kurzer Zeit und belohnte sie für ihre gute Zusammenarbeit mit einem wunderbaren Apportierspiel. Diese Übung beherrschte die Hündin bald perfekt. Mit zunehmendem Alter wurde sie ruhiger, so dass die*

Übung nicht mehr durchgeführt werden musste.

Eines Tages geschah es, dass die Hündin etwas sich Bewegendes sah und weg sprintete. Sie war so schnell, dass ich nicht mehr einwirken konnte. Also wartete ich auf ihr Zurückkommen. Es vergingen fünf Minuten. Es rührte sich nichts. Die Hündin war wie vom Erdboden verschwunden. Plötzlich hörte ich sie in hohen Tönen bellen, fast jaulen. Irritiert ging ich dem Bellen nach, ganz vorsichtig, da ich neugierig war zu sehen, warum sie jaulte.

Ich entdeckte sie auf dem Wege liegend, etwa 150 Meter vom Ausgangspunkt entfernt. Besorgt rief ich sie, da sie keine Anstalten machte, von selbst zu mir zu kommen, obgleich sie mich sah. Erst als ich bei ihr war, sprang sie auf, setzte sich freudig vor mich und zeigte mir deutlich, dass jetzt, wie immer, das schöne Spiel fällig sei. Ich verstand sie, spielte mit ihr und konnte feststellen, dass ihr körperlich nichts fehlte.

Das gleiche Verhalten zeigte sie ein paar Tage später noch einmal. Nun erkannte ich den Zusammenhang. Der Hündin schien nach dem Wegsprinten einzufallen, dass sie gewöhnlich bei einer bestimmten Renngeschwindigkeit über die Pfeife zum Liegen veranlasst wurde. Sie brauchte die Pfeife nicht mehr und legte sich von selbst. Da es ihr aber offensichtlich zu lange gedauert hatte, bis ich sie zu mir rief (ich wusste ja nicht, dass ich rufen sollte), machte sie mit diesem hohen Bellen auf sich aufmerksam. Dieses Bellen bedeutete etwa: »Hast du mich vergessen? Ich liege jetzt schon ziemlich lange und höre nichts von Dir!«

Um sicher zu sein, dass meine Interpretation für dieses Verhalten stimmte, machte ich folgenden Versuch: Ich veranlasste die Hündin, sich auf den gewohnten Trillerpfiff hinzulegen, und ging etwa 150 Meter von ihr weg, so dass sie mich weder hören noch sehen konnte. Jetzt wartete ich ruhig. Nach etwa sieben Minuten begann sie wie beschrieben zu bellen. Ich pfiff, sie kam so schnell sie nur konnte, setzte sich vor mich hin und forderte für diese Leistung zu dem geliebten Spiel auf.

Hier liegt ein einprägsames Beispiel für motorisches Lernen und Lernen über die Gewöhnung vor. Die Hündin war es gewohnt, sich bei einer bestimmten Laufgeschwindigkeit hinzulegen und zu warten, bis sie abgerufen wurde. Dazu brauchte sie kein Hörzeichen mehr. Sie war es nicht gewohnt, so lange warten zu müssen, um abgerufen zu werden. Daher machte sie sich bemerkbar, ohne aber den Platz zu verlassen, den sie freiwillig gewählt hatte. Mit meinem Rufen und dem nachfolgenden Spiel konnte der gewohnheitsmäßige Ablauf beendet werden.

Das Lernen über Nachahmung

Eine besondere Art des Lernens ist das Lernen über die Nachahmung. Hierbei beobachtet das Tier Verhaltensweisen eines Artgenossen und imitiert dieses Verhalten, ohne zu wissen, worum es geht. Diese Art des Lernens finden wir bei sehr vielen Primaten und Vögeln.

Dass unsere Hunde häufig über die Nachahmung lernen, halte ich für sehr unwahrscheinlich, obgleich es, vor allen Dingen von Jägern und Schäfern, immer wieder behauptet wird. Soweit ich Verhaltensweisen bei Hunden beobachten konnte, die so aussahen, als seien sie nachgeahmt, stellte ich immer fest, dass es sich nicht um Imitation handelte, sondern um Übertragung der inneren Spannung eines Individuums auf das andere.

In Versuchen, die ich mit Welpen und erwachsenen Hunden durchführte, wollte ich herausfinden, ob Hunde über die Nachahmung lernen.

Meine drei erwachsenen Hunde hatten gelernt, sich sowohl auf das Hörzeichen „Leg' Dich!" als auch auf den Trillerton der Pfeife hinzulegen. Ich ging mit diesen drei Hunden spazieren und hatte zusätzlich einen jungen, fünf Monate alten Hund dabei, der in die Lebensgemeinschaft meiner Hunde integriert war, aber diese Hörzeichen nicht kannte.

Immer wenn alle vier Hunde im tollsten Spiel waren, rief ich „Leg' Dich!". Die drei Erwachsenen lagen, der junge Hund stand zunächst ratlos und kam zu mir gelaufen. Er konnte nicht verstehen, warum das Spiel so plötzlich beendet war. Auch nach zehn solcher Übungen legte sich der junge Hund nicht, obgleich die anderen immer lagen.

Nun lehrte ich den jungen Hund, sich auf das Hörzeichen „Leg' Dich!" hinzulegen. Nachdem der Hund seine Aufgabe verstanden hatte und beherrschte, unterbrach ich das schöne gemeinsame Spiel der Hunde mit dem Trillerton der Pfeife. Wiederum lagen die erwachsenen Hunde, der junge Hund aber blieb verwundert stehen. Jetzt beherrschte er das Hinlegen auf das Hörzeichen "Leg' Dich!", mit dem Trillerton wusste er jedoch nichts anzufangen. Auch in diesem Fall legte er sich

nie hin, obgleich sich alle drei erwachsenen Hunde brav bei diesem Trillerton niederlegten und der junge Hund über das Spiel mit ihnen aufmerksam verbunden war. Keiner meiner jungen Hunde ahmte jemals dieses Verhalten der erwachsenen Hunde nach.

Wenn ein junger Hund häufig das macht, was ein erwachsener Hund ihm „vormacht", handelt es sich immer um sehr „motivationsreiche" Handlungen, z.B. zusammen Wild hetzen, zusammen vorstehen, gemeinsam im Garten bestimmte Wege laufen, um etwas zu verbellen oder auch gemeinsam in die Flucht gehen. Der junge Hund spürt in diesen Situationen, dass der erwachsene Hund erregt ist und hat dabei das Gefühl: „Hoppla, da ist was los, da mach' ich mit". Ohne zu wissen, worum es sich handelt, zeigt er dieselben Verhaltensweisen wie der erwachsene Hund.

Der junge Hund wird nach mehrmaligem Mitlaufen mit dem erwachsenen Artgenossen bald die Handlung alleine ausführen. In diesen Fällen lernt der Hund eine Situation als aufregend kennen und gewöhnt sich bei mehrmaliger Wiederholung mit dem erwachsenen Hund an die Bewegungen. Er lernt zuerst einen bestimmten Bewegungsablauf und erkennt erst dann den Zusammenhang mit einer entsprechenden Situation. Schließlich reagiert er in dieser Situation immer mit der gleichen Bewegungsfolge. Das ist häufig der Grund, warum der junge Hund z.B. im Garten den gleichen Umweg läuft, um einen Fremden am Gartenzaun zu verbellen, obwohl der andere Hund gar nicht mehr in der Gemeinschaft lebt. Es handelt sich um motorisches Lernen.

„Wir tun noch lange nicht das, was die anderen machen!"

In meinem Versuch jedoch war Motivationsminderung zu erleben, da ein schönes Fangspiel plötzlich aufhörte und die im Spiel beschäftigten Hunde sich unvermittelt legten. Es gab also keine Möglichkeit der Spannungsübertragung. Aus diesem Grunde führte der junge Hund den Bewegungsablauf, sich hinzulegen, nicht von selbst aus.

Könnten Hunde über die Nachahmung lernen, hätten wir mit der „Erziehung" unserer Hunde keine Probleme mehr. Wir könnten z.B. einen Hund für eine Begleithundeprüfung sehr gut vorbereiten. Anschließend ließen wir etwa zehn Hunde lange und oft genug beim Ablauf der verschiedenen Übungen zuschauen. Das Ergebnis müsste dann zu zehn gut vorbereiteten Begleithunden führen. Das wäre einfach genial!

Generalisation: Die Übertragung des Gelernten

Eine weitere Frage, die immer wieder an mich herangetragen wird, ist: Kann ein Hund das Gelernte auf ähnliche Situationen übertragen? Kann er also Verhaltensweisen, die er auf einen Reiz hin gelernt hat, auf ähnliche Reize übertragen, ohne mit diesen eigene Erfahrungen gemacht zu haben? In diesen Fällen sprechen wir von der „Generalisation" des Gelernten. Auch hier vermute ich auf Grund eigener Beobachtungen, dass der Hund dazu weitaus seltener in der Lage ist, als es häufig angenommen wird.

Ich hatte sehr geräuschempfindliche Welpen und trainierte sie erfolgreich systematisch auf sehr viele unterschiedliche Geräusche. Nach Beendigung des Trainings musste ich erkennen, dass die Hunde zwar bei den Geräuschen, die sie kannten, kein Meideverhalten zeigten, aber vor jedem neuen Geräusch, auch wenn es den schon bekannten Geräuschen sehr ähnlich war, auf's Neue mit Meideverhalten bzw. Flucht reagierten.

Das Lernen durch Prägung

Da, wie schon früher erwähnt, die Prägung in der sozialen Entwicklung un-

Dingos (13 Wochen). Was in der Zeit der Prägung gelernt worden ist ...

serer Haushunde eine so wichtige Rolle spielt, möchte ich mich jetzt ein wenig intensiver mit diesem Thema beschäftigen.

Ich glaube, das Verständnis für den Hund wird um ein Vielfaches erleichtert, wenn wir genau wissen, was der Begriff „Prägung" bedeutet und was mit Prägungsphasen gemeint ist. Es bleibt nicht aus, dass ein neuer Begriff wie Prägung, der von HEINROTH und LORENZ »geprägt« wurde, sich oft im Laufe der Zeit „verwäscht". Dann wird er missverstanden und schließlich falsch gebraucht.

DEFINITION DER PRÄGUNG ▸ In bestimmten Stadien der Entwicklung eines Individuums werden bestimmte Erfahrungen dauerhafter gespeichert als in anderen Entwicklungsabschnitten. Die Lerninhalte hinterlassen einen nachhaltigeren Eindruck als gleiche Erfahrungen zu einem anderen Zeitpunkt (nach IMMELMANN). Schließlich ist das Gelernte häufig nicht wieder rückgängig zu machen, es ist irreversi-

bel. Verstreichen diese Lebensstadien ohne oder mit falschem Prägungserfolg, so entstehen Verhaltensweisen, die biologisch nicht mehr sinnvoll sind.

Es gibt also genetisch fixierte Zeiten, d.h. sensible Phasen eines Tieres, vor allem in der Jugend, in denen bestimmte Umwelterfahrungen gemacht und im Gedächtnis behalten werden müssen, damit das Tier sich entsprechend seiner Art entwickeln und später fortpflanzen kann. Die Möglichkeit des Lernens in der Prägungsphase gewährleistet eine sehr effektive, individuelle Anpassung an die Umwelt, denn beim Vorgang der Prägung wird besonders rasch und nachhaltig gelernt.

Eine zusätzliche Besonderheit der Speicherung von Lerninhalten in dieser Zeit ist die sexuelle Prägung: Hier werden bereits in früher Jugend Lerninhalte gespeichert, die aber erst mit der Geschlechtsreife, also oft Monate oder Jahre später, reproduziert werden. Das bedeutet, dass Welpenerfahrungen, die mit dem Artgenossen in den ersten Lebenswochen – der ersten „sensiblen Phase" – gemacht wurden, erst sehr viel später zum Ausdruck kommen.

▸ **Das Urbeispiel für die Prägung**

Am Urbeispiel der Lorenz'schen Graugänse möchte ich den Vorgang der Prägung deutlich machen. KONRAD LORENZ bewies, dass Graugänsen das Erkennen ihrer Artgenossen nicht angeboren ist, wie man dies bis dahin glaubte, sondern dass es sich um einen Vorgang der Prägung handelt.

LORENZ ließ Grauansküken künstlich ausbrüten und nahm selbst nach

... wird ohne Wiederholungen nachhaltig behalten! Die Dingos nach fünf Jahren im Tierpark Kalletal.

dem Schlüpfen mit diesen Tieren die ersten Kontakte auf. Die kleinen Küken waren später nicht mehr in der Lage, im Zusammenleben mit gleichaltrigen und erwachsenen Artgenossen normale Verhaltensweisen zu zeigen. Sie prägten sich den Menschen, da sie ihn als erstes wahr genommen hatten, als ihren „Artgenossen" ein. Somit liefen sie nun dem Menschen als ihrer „Gänsemutter" nach und nicht mehr ihren Artgenossen. Sehen die frisch geschlüpften Küken, wie es in der Natur normal ist, zuerst ihre Mutter und später den Menschen, so erlangt der Mensch für sie keine außerordentliche Bedeutung.

Wir können an diesem Beispiel sehr schön das genetische Gerüst erkennen. Es legt den Zeitpunkt fest, zu dem bestimmte Eindrücke von außen auf ein Individuum einwirken müssen, damit eine normale, der Art entsprechende Entwicklung stattfinden kann.

Die kleinen Gänseküken müssen nach dem Schlüpfen, das ist in ihrem Falle die sensible Phase, zuerst ihre Mutter sehen, damit sie für die Zukunft für immer wissen, wie ihre Artgenossen aussehen. Lernen sie nach dem Schlüpfen zuerst den Menschen kennen oder einen Gegenstand, der eine Mindestgröße nicht unterschreiten darf, sind sie Zeit ihres Lebens auf einen falschen „Artgenossen" geprägt. Das bedeutet, und das ist das Fatale bei dieser Art des Lernvorgangs, dass die Graugänse später nicht oder nur in Ausnahmefällen in der Lage sind, sich mit einem Artgenossen zu paaren. So geprägte Gänse bieten zur Zeit ihrer Geschlechtsreife die Balzrituale dem Menschen oder einem Gegenstand an, je nachdem, wen sie in den ersten Lebenstagen als ihren »Artgenossen« kennen lernen konnten.

Bei unseren Haushunden richtet sich der spätere Grad der Sozialisation nach den eigenen sozialen Erfahrungen in einer Phase, die zwischen der dritten und vierzehnten Lebenswoche liegt und in der siebten Woche ihren Höhepunkt hat (IMMELMANN).

Zusammenfassung

Lernen ist ein Vorgang. Die Voraussetzung für das Lernen sind funktionstüchtige physische Prozesse.

Der Lernvorgang wird durch Reize, die aus dem Individuum selbst kommen oder von außen auf das Individuum einwirken, ausgelöst. Wie häufig – ob einmal oder mehrmals – ein Reiz erfolgen muss, damit gelernt wird, hängt von der psychischen Bewertung ab und diese wiederum ist eng mit der psychischen Stimmung des Einzelnen verbunden. Der Lernvorgang ist abgeschlossen, sobald das Individuum als Reaktion auf einen Reiz hin immer die gleiche Handlung folgen lässt.

Die Bereitschaft eines Individuums zu lernen, wird von seiner Motivation bestimmt.

Motivation aus physischem Antrieb: Sie hängt von einem inneren Bedürfnis ab (z.B. Hunger, Durst).

Motivation aus psychischem Antrieb:

a.) Die Bereitschaft zu handeln und damit zu lernen, wird über Reizsituationen ausgelöst, die das Individuum positiv bewertet und aus diesem Grund die Handlung ausführen *will* (positive Spannung).

b.) Die Bereitschaft zu handeln und damit zu lernen, wird über Reizsituationen ausgelöst, vor denen sich das Individuum fürchtet, aber keine Möglichkeit hat, sich zu entziehen. Aus diesem Grund *muss* es die Handlung ausführen, es ist dazu gezwungen (negative Spannung, Stresssituation).

Die Handlungsbereitschaft ist beendet, wenn das entsprechende – physische und/oder psychische – Bedürfnis befriedigt ist bzw. die Furchtreaktion vor der Gefahr, die von der negativen Situation ausgeht, nicht mehr vorhanden ist.

Beim motorischen Lernen hat sich ein Bewegungsablauf ohne Einsicht in die Situation gefestigt. Die Situation selbst wird später zum Auslöser eines Handlungsablaufes.

Lernen über Nachahmung ist beim Hund schwer zu erkennen. Es handelt sich hierbei eher um Spannungsübertragung als um Nachahmung.

Eine Besonderheit des Lernens ist die **Prägung**: das ist ein Lernen, das in bestimmten Lebensphasen eines Individuums erfolgen muss, um biologisch sinnvoll die Entwicklung des Individuums zu beeinflussen.

In diesen Lebensabschnitten werden bestimmte Reize intensiver erlebt und erheblich schneller gelernt als in anderen Lebensabschnitten.

Das in dieser Zeit Gelernte wird ohne Wiederholungen nachhaltig behalten und zumeist nie mehr vergessen und ist somit nicht mehr rückgängig zu machen.

Als Besonderheit ist die sexuelle Prägung zu nennen. Hier werden Lerninhalte im Jugendalter gespeichert, aber erst in der Geschlechtsreife reproduziert.

Zur Entwicklung des Hundes

Zur Entwicklung des Hundes

Bevor wir uns intensiv mit einem Tier befassen, und es in unser Leben einbeziehen wollen, müssen wir uns gut informieren, wie das Tier lebt und welche Bedürfnisse es hat.

Beispiel *Eine Familie kaufte sich zum Beginn des Sommers eine Landschildkröte und bezog diese in ihren Haushalt mit ein. Die Schildkröte überlebte den Sommer gut. Zum Herbst hin wurde sie immer ruhiger und schließlich zog sie sich ganz zurück. Die Familie beobachtete kein Leben mehr und glaubte, sie sei gestorben. Daraufhin wurde sie entsorgt!*
Leider war den Familienmitgliedern nicht bekannt, dass Schildkröten einen Winterschlaf halten. In diesem Fall lag, wie in vielen solcher Fälle, keine Böswil-

ligkeit vor, sondern sträfliches Unwissen.
Je besser wir also über die Lebensformen eines Tieres Bescheid wissen, desto weniger werden wir so unerträgliche Fehler machen. Das gilt genauso für unsere Hunde.

Wir haben uns bereits mit Teilen der Lernpsychologie befasst, die für die „Erziehung" unseres Hundes von Bedeutung sind. Jetzt wollen wir zur physischen Entwicklung des Hundes übergehen und auch hier werden wir feststellen, dass es von großem Nutzen im Umgang mit unserem Hund sein kann, etwas mehr über die physische Entwicklung des Hundes zu erfahren.

Die Entwicklung der Sinnesorgane

Zum Zeitpunkt der Geburt eines Hundes sind bei weitem nicht alle Sinnesorgane funktiontüchtig. Die Augen und Ohren sind noch geschlossen. Auch der Geruchssinn scheint nur geringfügig wahrnehmungsfähig zu sein. Häufig wird als Beweis für die Geruchsfähigkeit eines neugeborenen Welpen das aktive Aufsuchen und Finden der Nahrungsquelle, nämlich der Zitzen der Mutter, angeführt. Hierbei bin ich skeptisch, da die neugeborenen Welpen ohne zu zögern auch einen vorgehaltenen Finger als Saugobjekt akzeptieren. Dabei handelt es sich um

Neugeborener Welpe mit Plazenta und Eihaut

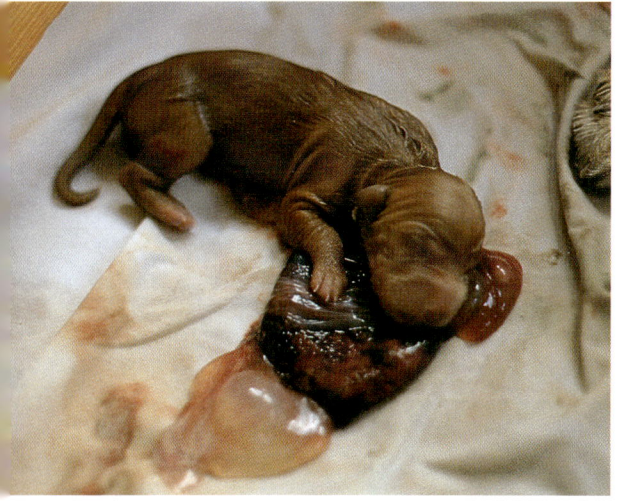

einen angeborenen Saugreflex. Natürlich muss das Ersatzobjekt in Größe und Wärme der mütterlichen Zitze in etwa entsprechen. Auch wird der Welpe erkennen, dass über den Finger keine durch die Nahrung bedingte Bedürfnisbefriedigung erfolgt und somit die Zitze der Mutter vorziehen. Dies ist aber keine Entscheidung, die über die Geruchswahrnehmung erfolgt, sondern sie hängt von der Bedürfnisbefriedigung ab.

Beispiel *Meine Retrieverhündin wurde von einem Setter gedeckt und warf elf Welpen. Die Hündin war noch sehr jung und ich machte mir Gedanken, wie ich sie entlasten könnte. Zur gleichen Zeit hatte ich eine belgische Schäferhündin, die in etwa den gleichen Hormonzyklus hatte wie die Retrieverhündin. So versuchte ich das Brutverhalten bei der anderen Hündin auszulösen. Zunächst zeigte ich ihr einen der neugeborenen Welpen. Sie wollte nichts damit zu tun haben und wandte sich knurrend ab. In stündlichen Abständen konfrontierte ich sie immer wieder mit einem Welpen. Nach etwa zehn Versuchen beobachtete ich, wie meine Hündin sich beim Hinlegen plötzlich so vorsichtig legte, als habe sie Welpen. Jetzt konnte ich es wagen! Ich legte einen Welpen bei ihr an. Die Hündin hatte das gar nicht gerne. Sie blieb wirklich nur mir zuliebe liegen und ließ es sich gefallen. Sie hatte ja auch keine Milch. Aber der Welpe versuchte, auf Grund des Saugreflexes zu saugen. Ich nützte also diesen Reflex aus. Nach kurzen Versuchen ließ ich die Hündin wieder in Ruhe und wiederholte es später mit einem anderen Welpen, der ebenfalls sofort zu saugen versuchte, obgleich keine Milch vorhanden war. Es waren nur fünf Versuche und eine Nacht*

Golden Retriever und Irish Setter. Das stolze Paar ...

notwendig und die Hündin hatte plötzlich Milch. Zunächst legte ich immer nur einen Welpen an und steigerte die Zahl der Welpen allmählich. Nach 36 Stunden hatte ich eine perfekte „Amme". Sie ernährte und versorgte vier von den elf Welpen so, als seien es ihre eigenen.

Auch Scott und Fuller, zwei angesehene amerikanische Verhaltensforscher, bezweifeln, ob das Geruchsorgan, die Nase, voll funktionstüchtig ist. In Versuchen wurde Welpen dieses Alters Essigsäure vorgehalten, worauf sie abwehrende Reaktionen zeigten. Ein

... brachte es zu elffachem Nachwuchs.

solches Verhalten scheint mir jedoch kein Beweis für aktive Geruchswahrnehmungen zu sein, da unter Umständen die Schleimhäute durch die Säure so gereizt wurden, dass dies zu den aktiven Abwehrreaktionen führte.

Die anderen Sinnesorgane scheinen in den ersten Lebenstagen, wenn auch eingeschränkt, funktionstüchtig zu sein. Es handelt sich um den Geschmackssinn, den Tastsinn, die Wahrnehmung von Wärme und Kälte sowie die Empfindung von Schmerzen. Neugeborene Welpen lecken z.B. einen mit Fisch, Fleischsaft oder Milch bestrichenen Glasstab ab, wohingegen sie bitter schmeckende Substanz wie Chinin ablehnen (SCOTT und FULLER).

Die Entwicklung der Motorik

Die motorischen Aktivitäten von Welpen im vegetativen Stadium beschränken sich auf bestimmte Verhaltensweisen wie saugen, Wärme suchen, Äußerung von Kontaktlauten – die sie wahrscheinlich selbst gar nicht hören – und die Abgabe von Ausscheidungen. Das Hin- und Herpendeln des Kopfes und

Hier wird eine Amme benötigt!

das damit verursachte „Sich-im-Halbkreis-Bewegen" wird robbend ausgeführt. Die Hinterläufe werden zum Abstützen des Körpers benützt, um beim Saugen an den Zitzen nicht abzurutschen. Mit den Vorderläufen führen die Welpen den „Milchtritt" aus. Außerdem benützen sie diese, um einen anderen Welpen von einer mütterlichen Zitze zu verdrängen oder sich selbst nicht wegdrängen zu lassen. Kämpfe um die Zitzen finden bei Hunden häufig statt, da es offensichtlich keine Trinkordnung gibt. (FELTMANN)

Ab dem siebzehnten Lebenstag bewegten sich z.B. meine Bearded-Collie-Welpen nicht mehr in halbkreisförmigen Schlangenlinien. Mit einem Male konnten sie geradlinig in eine Richtung gehen. Zum gleichen Zeitpunkt begannen die Welpen sich von ihrem engsten Schlafplatz zu entfernen, um ihre Blase zu entleeren. Von dieser Zeit an blieb der Schlafplatz immer trocken.

Die Motorik der Welpen verfeinert sich zunehmend. Aus den robbenden Bewegungen werden Laufbewegungen. Der Zeitpunkt, zu dem die motorische Bewegungsverfeinerung einsetzt, liegt bei den verschiedenen Rassen unterschiedlich. Englische Bulldoggen z.B. benötigen einen erheblich längeren Zeitraum als viele andere Rassen, um auf allen vier Füßen wirklich laufen zu können.

Die Entwicklung des Zentrums für Wahrnehmungen

Die Entwicklung der Großhirnrinde (Neocortex) ist in den ersten Lebenstagen eines Welpen abgeschlossen, da Teilungen der Gehirnzellen nicht mehr erfolgen (HART und HART). Trotzdem ist die Großhirnrinde in den ersten Lebenswochen eines Welpen nicht oder nur sehr eingeschränkt funktionstüchtig. Da in den ersten Lebenstagen Sinnesorgane, wie z.B. das Auge oder das Ohr, noch gar nicht wahrnehmungsfähig sind, ist es auch gar nicht erforderlich, dass die Großhirnrinde schon voll in Anspruch genommen wird. Die Gehirnzellen sind jetzt zwar alle vorhanden, aber sie erhalten noch keine Informationen.

Das bedeutet, dass diese Zellen aktiviert werden müssen. Dies kann erst erfolgen, wenn die Sinnesorgane wahrnehmungsfähig werden.

Das Auge muss z.B. von einem Lichtstrahl getroffen werden, damit über die Nervenbahnen diese Information an das Sehzentrum in der Großhirnrinde weitergegeben werden kann. Jetzt erst werden die Zellen mit der Information belegt, wie ein Lichtstrahl „aussieht". Über diesen Reiz von außen werden die Zellen aktiviert und für die Zukunft gebrauchsfähig gemacht.

„In Versuchen wurden gesunden neugeborenen Welpen die Augen zugenäht, so dass über die Augen keine Wahrnehmungen erfolgen konnten. Es zeigte sich, dass die Struktur der Gehirnzellen im Sehzentrum der Großhirnrinde unvollständig blieb." (B. RENSCH)

Wir können uns nun gut vorstellen, was passiert, wenn die Zellen der Großhirnrinde in den ersten Lebenswochen eines Welpen keine Informationen von außen erhalten. Diese Untersuchungen liegen sicherlich an der Grenze der Erträglichkeit für jeden Tierfreund. Die Ergebnisse aber sollten wenigstens dazu beitragen, Welpen ab dem Augenblick, in dem sie Sehleistungen erbringen können, auch

Die Belgische Schäferhündin übernimmt nicht nur die Ammentätigkeit, sondern auch die Sozialisierung!

etwas sehen zu lassen und nicht in den ersten acht Lebenswochen im Dunkeln oder Halbdunkeln aufwachsen zu lassen.

Die Untersuchungen von CHARLES und FULLER bestätigen die oben genannte Feststellung. Sie führten Messungen der Hirnströme (Elektroenzephalogramme, EEG's) bei Welpen in verschiedenen Altersabschnitten durch. Bei neugeborenen Welpen stellten sie keine Unterschiede zwischen den EEG-Ableitungen im schlafenden oder wachen Zustand fest. Bei Welpen im Alter von etwa drei Wochen zeigten die Kurven der Hirnströme bereits große Unterschiede zwischen wachem

Hier ist das Ergebnis einer harmonischen Familie: Großmutter, Mutter und ein Teil der Nachkommen.

bzw. schlafendem Zustand. Die Kurven unterschieden sich jedoch noch stark von denen der erwachsenen Hunde. Erst etwa ab der siebten bis zur achten Lebenswoche unterschie-

Zusammenfassung

Die Sinnesorgane der Hunde sind in den ersten Lebenstagen noch nicht alle funktionstüchtig. Es dauert in der Regel zehn bis fünfzehn Tage, bis sich die Augen und die Ohren öffnen. Die Motorik verfeinert sich zum gleichen Zeitpunkt zunehmend.
Die Entwicklung der Großhirnrinde ist in den ersten Lebenstagen abgeschlossen. Gehirnzellteilungen finden nicht mehr statt.
Bis etwa zur achten Lebenswoche müssen die Gehirnzellen genügend Informationen erhalten haben. Erst dadurch werden sie sozusagen aktiviert und damit auch funktionstüchtig.
Die Nervenleitungen sind ebenfalls voll ausgebildet. Die Ummantelung der Nervenbahnen, über welche die Informationen in die entsprechenden Wahrnehmungszentren geleitet werden, ist jedoch noch nicht ganz ausgereift.
Alle Organe eines Welpen sind etwa im Alter von acht Wochen funktionstüchtig. Eine Ausnahme bildet hier die Entwicklung der Geschlechtsorgane.

den sich die EEG's von Welpen und erwachsenen Hunden nicht mehr.

Es ist interessant, dass bei unseren Haushunden, wie oben beschrieben, der Grad der Sozialisation von den eigenen Erfahrungen abhängt, die zwischen der dritten und 14. Lebenswoche gemacht wurden. Der Höhepunkt für die Aufnahmebereitschaft dieser sozialen Eindrücke liegt, wie bei den Messungsergebnissen der Hirnströme, ebenfalls in der siebten Lebenswoche eines Welpen.

Die Entwicklung der Nervenbahnen

Zum Zeitpunkt der Geburt sind nicht alle Nervenbahnen, welche die Informationen zum Großhirn leiten, voll funktionsfähig. Die Nervenbahnen sind zwar wie die Zellen der Großhirnrinde vorhanden, wie diese aber zum Teil noch nicht myelinisiert. Das heißt, dass die Ummantelung der Nervenleitungen, die für eine schnelle Reizleitung notwendig ist, noch nicht voll ausgereift ist. Reize von außen werden daher nur sehr langsam zum Groß-hirn geleitet. Damit wird für uns verständlich, warum Welpen auf äußere Reize häufig so zögernde Reaktionen zeigen. Auch hier ist die volle Funktion der Nervenleitungen erst im Alter von sieben bis acht Lebenswochen vorhanden.

Die Entwicklungsstadien

Aus diesen Ergebnissen können wir schließen, dass die Wahrnehmungsleistung und Reaktionsfähigkeit eines Welpen erst im Alter von sieben bis acht Wochen physiologisch voll entwickelt sind. Diese Ergebnisse sagen aber nichts über die psychische und soziale Entwicklung eines Welpen aus. Die Voraussetzungen für diese Entwicklung sind in jedem Fall gesunde physische Reaktionen.

▶ Achtung!

Die psychisch-soziale Entwicklung ist an bestimmte genetisch fixierte Zeiten gebunden. In diesen Zeitabschnitten müssen entsprechende Erfahrungen mit den dazu gehörenden Lernerfolgen gemacht worden sein, damit sich die sozialen Beziehungen in einer Lebensgemeinschaft sinnvoll entwickeln können.

Die psychisch-soziale Entwicklung ist an bestimmte genetisch fixierte Zeiten gebunden. In diesen Zeitabschnitten müssen entsprechende Erfahrungen mit den dazu gehörenden Lernerfolgen gemacht worden sein, damit sich die sozialen Beziehungen in einer Lebensgemeinschaft sinnvoll entwickeln können.

Zunächst wollen wir uns die verschiedenen, genetisch vorgegebenen Stadien in der Entwicklung eines Hundes ansehen. Wir wollen dann versuchen herauszufinden, welche Möglichkeiten uns das Wissen von diesen Entwicklungszeiten gibt, die Beziehung von Mensch und Hund zu fördern und zu festigen. Wir Menschen müssen die „Mechanismen des Verhaltens und der Verhaltensentwicklung verstehen, um, wo es nötig ist, lenkend einzugreifen." (N. TINBERGEN)

Die einzelnen Stadien der Entwicklung eines Hundes werden in der Literatur sehr unterschiedlich angegeben, sie hängen stark von der Zielsetzung der einzelnen Autoren ab. Eine Übersicht der unterschiedlichen Auffassungen finden wir bei E. VENZL. Einige Autoren legen mehr Wert auf die physische, andere berücksichtigen stärker die psychische Entwicklung. Zum Teil werden die Entwicklungsstadien nur bei einer bestimmten Rasse beobachtet. Da sich aber verschiedene Hunderassen in der physischen und psychischen Entwicklung stark unterscheiden – kleine Rassen z.B. können manchmal weiter entwickelt sein als große Rassen in vergleichbaren Zeiträumen –, sind die Zeitschwankungen verständlich. Trotz der Unterschiede finden wir bei allen Autoren Anhaltspunkte für ein genetisch fixiertes „Gerüst", das die Entwicklung der Hunde im sozialen und psychischen Bereich bestimmt. Die Variationsbreite, d.h. der Spielraum der bezeichneten Lebensabschnitte, müsste lediglich weiter gefasst werden, damit er auf alle Rassen übertragbar ist.

Da ich sehr viele Längsschnittbeobachtungen bei den von mir betreuten bzw. therapierten Hunden ganz verschiedener Rassen machen konnte, kam ich zu folgender Einteilung in der Entwicklung unserer Haushunde:

Irish Terrier Welpe
(2 Tage) im vegeta-
tiven Stadium

DAS VEGETATIVE STADIUM ▶ (1. und
2. Lebenswoche): Die Welpen sind hilflos. Die Aktivitäten der Mutter dienen
ausschließlich der Betreuung der Welpen.

DAS STADIUM DES ERWACHENS ▶
(3. Lebenswoche): Alle Sinnesorgane
werden funktionstüchtig. Die Umwelt-
eindrücke können differenzierter wahrgenommen werden. Die Betreuung
durch die Mutterhündin wird sorgfältig
ausgeführt, wobei sie sich nicht mehr
ausschließlich bei den Welpen aufhält.

Irish Terrier Welpen
(8 Wochen) erobern
die Umwelt. Die
Mutter grub eine
2 m tiefe Höhle und
zog mit ihren Wel-
pen dort ein.

**DAS STADIUM DER EROBERUNG DER
UMWELT** ▶ (4. bis etwa 20. Lebenswoche): In dieser Zeit werden die moto-

rischen Fähigkeiten trainiert, die Umwelt erobert und die psychischen Reaktionen darauf gelernt. Das Sozialverhalten dem Artgenossen gegenüber entwickelt sich. Es wird geübt, differen-
ziert und auf den Artgenossen fein abgestimmt. Das Sozialverhalten dem
Menschen gegenüber entwickelt sich
als eigenes System. Auch hier wird gelernt, das Verhalten auf den Menschen
fein abzustimmen.

Die Betreuung durch die Mutterhündin nimmt mit dem Selbständiger-
werden der Welpen deutlich ab.

**DAS STADIUM DES UMGANGS MIT
DER UMWELT** ▶ (etwa 20. Lebenswoche bis zur Geschlechtsreife; auch
beim Hund hat man zwischen einer
physischen und psychischen Reife zu
unterscheiden): Dieses Stadium zeigt
deutlich, wie die jungen Hunde, nachdem sie ihre Umwelt erobert haben, diese nunmehr „handhaben". Das Beute-
und Jagdverhalten bestimmt jetzt immer
häufiger die Handlungen des Hundes.

Im Sozialverhalten zwischen den
Hunden entscheidet zunehmend stärker die psychische Sicherheit über das
Zusammenleben der Hunde. Im Sozialverhalten des Hundes dem Menschen gegenüber zeichnet sich deutlich ab, dass der Hund die Menschen
in seinem engsten Lebensbereich sehr
schätzt, außerhalb dieses Bereiches jedoch lieber seiner eigenen Wege gehen würde. Hier beginnen im allgemeinen die ersten ernsthaften Probleme zwischen Mensch und Hund.

Interessanterweise zeigen die Hunde einige Zeit vor dem Eintritt in die
Geschlechtsreife sowohl der Umwelt
gegenüber, als auch dem Artgenossen
und dem Menschen gegenüber noch-

Golden Retriever/
Irish Setter-Welpen
(4 Wochen) erobern
die Umwelt.

mals Unsicherheiten, die vorher nicht
zu erkennen waren. Sie wirken öfters
unsicher und zeigen sich schreckhaft.
Diese Zeit wird häufig als zweite sensible Phase bezeichnet. Das ist eine
Zeit, in der ein Hund nochmals besonders intensiv und schnell lernt. Er
behält auch hier das Gelernte mit weniger Wiederholungen als zu anderen
Zeiten und reproduziert dies sicher.

oft nicht eindeutig voneinander zu
trennen. Wir können innerhalb der
Entwicklung lediglich Schwerpunkte
bestimmter Verhaltensweisen erkennen. So beginnen zwar nach meinen
Beobachtungen die in der Literatur
beschriebenen prägenden Lernvorgänge etwa in der vierten Lebenswoche, aber sie enden nicht mit der
siebten Lebenswoche.

▶ Wichtig

Das ist für uns Menschen nochmals eine
Gelegenheit zu versuchen, versäumte
Lernprozesse, die nicht das genetisch vorgegebene Programm betreffen, erfolgreich nachzuholen.

Dieselben Welpen
suchen den Kontakt
zum Menschen,
wenn die Mutter
nicht zu haben ist.

Mit gutem Grund weicht meine Auf-
gliederung der Entwicklungsstadien
hier von den in der Literatur beschriebenen und am häufigsten verwende-
ten Einteilungen ab, denn die Über-
gänge der einzelnen Einschnitte in
der Entwicklung sind fließend und

Verbellen einer Person. Kernfrage: gelerntes Verhalten oder mit dem Menschen nicht sozialisiert?

Ebenso beginnt die Sozialisierung der Welpen mit dem Artgenossen nicht erst in der 7. Lebenswoche. In den meisten Fällen sind bereits bis etwa zur 8. Lebenswoche die sozialen Beziehungen mit den erwachsenen Artgenossen, mit denen die Welpen zusammen leben, fest geknüpft und stabilisiert. Die sozialen Erfahrungen und entsprechenden Lernprozesse müssen in jedem Falle auch mit den Hunden, die nicht in der familiären Lebensgemeinschaft leben, bis spätestens zur siebzehnten Lebenswoche gemacht worden sein.

Häufig wird in der Literatur zwischen der 12. und 16. Lebenswoche eines Welpen von der „Rangordnungsphase" gesprochen. (E. TRUMLER) Dies kann ich bei meinen Beobachtungen weder bei den Haushunden und den Dingos noch bei den Wölfen bestätigen. Im Gegenteil: Ich fand heraus, dass man in diesem Alter bei Welpen nicht von einer Rangordnung sprechen kann.

Zur Organisation in einem sozialen System

Zur Organisation in einem sozialen System

Beobachtungen an Wölfen, Dingos und Haushunden

▸ Leben mehrere Individuen in einer Gemeinschaft zusammen, muss das Zusammenleben geordnet sein. Diese Ordnung hat ihre Gesetze mit dem Inhalt: *Respekt und Achtung vor dem Anderen!*

▸ Es gibt sowohl für die Forderung des Respekts als auch für die Anerkennung des Respekts angeborene Verhaltensweisen.

▸ Die Anwendung und die feine Abstimmung dieser Verhaltensweisen werden im allgemeinen in der Jugendzeit gelernt.

▸ Ist das erfolgt, wird die Gemeinschaft, harmonisch aufeinander abgestimmt, positiv zusammen wirken. Das Ziel ist, Sicherheit und gemeinsames Überleben, das die Gemeinschaft erforderlich macht, mit hohem Erfolg zu erreichen.

Wenn wir von der Ordnung in einer sozialen Gemeinschaft sprechen und sie auf sozial lebende Verbände im Tierreich beziehen, bezeichnen wir sie als Rangordnung. Bei uns Menschen, die wir ebenfalls hoch spezialisierte, soziale Lebewesen sind, wird dieser Begriff wenig oder gar nicht gebraucht, obgleich das soziale System ganz ähnlich wie im Tierreich strukturiert ist.

Verwenden wir den Begriff „Rangordnung" im Zusammenhang mit dem Hund, so erscheint er mir häufig sehr „abgegriffen" und oft auch falsch verstanden. Aber gerade die Ordnung in Hundegemeinschaften sollten wir sehr genau kennen, da sie von hoher Bedeu-

Der Welpe hat bereits den ersten Teil seiner Lektion für den Umgang mit dem Anderen gelernt.

Eine gut geregelte soziale Ordnung erhöht die Lebensfreude der Hunde.

tung im Zusammenleben von Mensch und Hund ist.

Ein Hund, der mit dem Menschen zusammenlebt, hat zwei Aufgaben zu bewältigen:

▸ Er muss den Umgang mit seinen Artgenossen lernen, also die soziale Ordnung, die unter Hunden notwendig ist.

▸ Er muss die soziale Ordnung erlernen, die im Umgang mit dem Menschen unerlässlich ist, und ebenso vorhanden ist wie bei den Hunden. Dazu muss er das Verhalten des Menschen beobachten, verstehen und sich anpassen. Das ist für ihn oft ein beinahe un-

lösbares Problem, da der Mensch die Verhaltensformen der Hunde nicht oder zumindest nicht genau kennt und somit das Verhalten der Hunde falsch interpretiert. Daraus resultiert ein Fehlverhalten des Menschen dem Hund gegenüber und das Zusammenleben von Hund und Mensch wird besonders schwierig.

Leider kann der Mensch mit ihm tun und lassen, was er will. Er kann ihn verstehen, er braucht ihn auch nicht zu verstehen – der Hund ist ihm immer ausgeliefert! Ein Hund kann sich nur in sehr beschränktem Maße wehren.

Für den sozialen Umgang mit dem Menschen muss der Hund viel „Unhundliches" lernen.

Verträglichkeit untereinander und Vertrauen zum Menschen ermöglichen dieses Gruppenbild.

Wehrt er sich zu deutlich, wird er getötet. Er hat keine Chance!

Soll das Zusammenleben des Hundes mit dem Menschen dem Hund gerecht werden, ist der *Mensch* der *Geforderte*.

Möchten wir Menschen dem Hund wirklich gerecht werden, müssen wir die sozialen Zusammenhänge kennen, die für ein Tier mit so hoch differenzierten sozialen Fähigkeiten, wie das beim Hund der Fall ist, lebenswichtig sind.

Wir müssen diese Zusammenhänge nicht nur genau kennen. Wir müssen sie auch verstehen und versuchen, sie so umzusetzen, dass sie *auch* der Hund in der Hund-Mensch-Gemeinschaft versteht und damit umgehen kann. Dabei darf er weder in seiner Persönlichkeit noch in seiner Würde verletzt werden. Der *Mensch* trägt die Verantwortung für das friedliche Zusammenleben des Hundes in der menschlichen Lebensgemeinschaft.

Aus diesem Grund beschäftigen wir uns im Folgenden mit dem sozialen Verhalten und der Entwicklung des Sozialverhaltens bei Hunden. Um das Verständnis für die Verhaltensformen

des Hundes noch zu vertiefen, gehe ich auf das Sozialverhalten von Dingos und Wölfen ein, die bei mir für einige Zeit lebten, und sich sowohl mit mir, als auch mit meinen Hunden arrangieren mussten und dies auch sehr gut getan haben.

Zunächst aber müssen wir den Begriff „Rangordnung" genau definieren.

DEFINITION DER RANGORDNUNG

▸ Die Rangordnung in gewachsenen oder zusammen-„gewürfelten" sozialen Lebensgemeinschaften kennzeichnet die Stellung jedes einzelnen Mitglieds, das in einer solchen Gemeinschaft lebt. Jedes Mitglied hat seinen Platz in dieser Gemeinschaft und entsprechende emotionale Beziehungen zu den einzelnen Gruppenmitgliedern.

▸ Eine gut geregelte soziale Ordnung ist ein Netzwerk von individuellen, emotionalen Beziehungen der einzelnen Gruppenmitglieder.

▸ Sie bürgt für das harmonische Zusammenleben der einzelnen Mitglieder und sichert das Überleben. Sie verhindert Kämpfe und vermeidet extreme, andauernde soziale Stresssituationen

▶ Grundsätzlich müssen wir zwischen einer Ordnung, die das soziale Zusammenleben regelt, und der Ordnung, die den Nahrungsbereich betrifft, unterscheiden. Das eine regelt das Überleben der Gemeinschaft, das andere das Überleben des einzelnen Individuums.

Die Rangordnung in Welpengruppen

Bis zur 17. Lebenswoche können wir in einer Welpengruppe noch nicht von einer Rangordnung sprechen. Die Welpen befinden sich bis zu diesem Zeitpunkt im Prozess der Sozialisation. Sie sind noch keine ausgereiften Persönlichkeiten. Aus diesem Grund besteht zwischen den Welpen und den erwachsenen Hunden noch keine Rangordnung. Die Anerkennung der Autorität der erwachsenen Hunde ist für die Welpen keine Frage. Sie bedürfen deren Fürsorge und Sicherheit. Sie leben in großer Abhängigkeit von den erwachsenen Hunden. In vielen Übungssituationen lernen sie den „Anderen" zu respektieren und zu achten. Das ist das wichtigste Kriterium für die Entwicklung einer intakten Rangordnung überhaupt.

Ich hatte mehrfach die Gelegenheit, mehrere Welpen aus einem Wurf bis mindestens zur 17. Lebenswoche in meiner Hundegemeinschaft, bestehend aus 4 erwachsenen Hunden unterschiedlichen Alters, zu halten und zu beobachten. Es zeigte sich immer wieder, dass bis zu diesem Zeitpunkt keine Rangordnung unter den jungen Hunden zu erkennen war. Es gibt unter den Welpen unterschiedliche Persönlichkeiten, die sich in Temperament, Intelligenz, körperlicher Konstitution und psychischer Stabilität unterscheiden. Jeder dieser Welpen wird entsprechend seiner Persönlichkeit mit den anderen kommunizieren und sich arrangieren. Der eine verhält sich eher draufgängerisch, der andere mehr zurückhaltend, der Dritte gleichgültig und der Vierte überlegend.

Das sind Persönlichkeitsmerkmale, die das Verhalten untereinander in gewisser Weise steuern. Sie bestimmen aber gewiss in diesem Alter nicht die Rangordnung. In dieser Zeit wird der soziale Umgang erst gelernt. Aus diesem Grund kann die Rangordnung bis dahin noch nicht fest gelegt sein.

Möchte ein Welpe z.B. schlafen und

Dingos, 12 Wochen. Eine Rangordnung ist nicht festzustellen.

Angriff und Verteidigung – einmal der eine, dann wieder der andere.

nicht spielen, so wird er das dem anderen mit Knurren und/oder Zähne zeigen und/oder Schnappen durchaus mitteilen. Nützen diese Drohgesten nichts, wird gerauft, wobei der Sieger nicht der „Ranghöchste" ist. Die Drohungen, das Reagieren auf die Drohungen und die Kämpfe unter den Welpen sind Momentaufnahmen, die in der nächsten Minute schon wieder ganz anders aussehen können. Welpen untereinander agieren und reagieren in den verschiedenen Situationen und lernen dabei die sozialen „Techniken" so einzusetzen, dass sie der „Andere" versteht und entsprechend ernst nimmt.

Aus einem Tierpark erhielt ich Dingos. Das sind domestizierte Hunde, die mit dem Menschen etwa vor achttausend Jahren nach Australien einwanderten, sich dort ungestört vermehren konnten, da sie keine Feinde hatten, und allmählich wieder verwilderten. Heute sind sie vom Aussterben bedroht. Sie werden verfolgt und getötet, damit sie an den Schafherden keinen Schaden anrichten können. Die Bastardisierung mit eingeführten Rassehunden trägt weiterhin dazu bei, die Urform der Dingos in ihrem Bestand sehr zu gefährden.

Bei meinen Dingos handelte es sich um eben diese Urform Es waren drei Rüden und eine Hündin. Sie standen am Anfang der neunten Lebenswoche. Im Tierpark lebten sie zu fünft mit ihren Eltern zusammen. Sie hatten Vertrauen zu einem Mädchen in diesem Tierpark. Im übrigen waren sie sehr scheu. Vier Tiere von diesem Wurf wurden von mir übernommen. Sie wurden in einer Flugbox im Auto transportiert. Einer jaulte während der Fahrt, die anderen verhielten sich ruhig.

Bei mir angekommen, überließ ich sie im Dingohaus sich selbst. Sie sollten sich von der Fahrt erholen. Nach zwölf Stunden betrat ich das Dingohaus mit dem Erfolg, dass alle vier Dingos panikartig in die Flucht gingen. Sie drückten sich in eine Ecke und verharrten dicht gedrängt ohne einen Laut von sich zu geben. Die Möglichkeit sich in Fluchthöhlen zu verstecken, gab es nicht. Ich verließ sie ohne etwas zu unternehmen und kam nach zwei Stunden wieder. Die Reaktion war die gleiche. In Panik flohen sie in eine Ecke und saßen dicht gedrängt zusammen. Jetzt setzte ich mich in die Mitte des Dingohauses und wartete schweigend ab. Allmählich begannen sie sich zu rühren und wagten, sich zu bewegen. Nach etwa fünfzehn Minuten kamen sie vorsichtig in meine Nähe. Sie hielten die Köpfe weit nach vorne gereckt, die Körper jedoch in Fluchthaltung. Ich verhielt mich absolut ruhig und tat gar nichts.

Das Neugier- und Erkundungsverhalten siegte über die Angst und die Scheu. Nach einer Stunde waren sie ganz nah bei mir und inspizierten mich vorsichtig.

Ganz langsam bewegte ich eine Hand und begann einen Dingo unter der Kehle zu berühren. Allmählich wurde daraus ein Streicheln. Er ließ es sich gefallen und blieb bei mir. Das Gleiche tat ich mit dem Zweiten, dem Dritten und Vierten. Alle ließen es sich gefallen. Ganz langsam erweiterte ich den Streichelbereich und fasste sie am ganzen Körper an. Dazu sprach ich leise irgendwelche netten Worte. Als mir das geglückt war und die Dingos die Berührung nicht nur duldeten, sondern offensichtlich positiv annahmen und meine Stimme akzeptierten, begann ich aufzustehen und mich ganz langsam zu bewegen. Jetzt gingen sie nicht einmal mehr in die Flucht, sondern schienen unbeeindruckt zu sein. Langsam bewegend, legte ich jedem der Dingos ein Brustgeschirr mit jeweils einer drei Meter langen Leine an. Erstaunlicherweise ließen sie sich dies ohne Abwehrreaktionen gefallen. Und nun kam der spannenste Augenblick! Ich hatte alle vier an der Leine und öffnete die Tür. Was würde geschehen?

Würden sie sofort in die Leine springen und versuchen sich zu verstecken?

Nichts geschah! Neugierig bewegten die Dingos sich im Garten und ... folgten mir in üblicher Welpenart nach. Ich fasste Mut, ließ die Leinen fallen und ging im Garten hin und her. Wie selbstverständlich liefen sie mir nach. Eine Freundschaft war geknüpft, die unerschütterlich bereits fünf Jahre andauert, obgleich die Tiere nur sieben Wochen bei mir lebten und ich sie auch nur einmal im Jahr besuchen kann. An diesem Beispiel wird das „prägende Lernen" deutlich.

Die Dingos hatten also Vertrauen zu mir. Ich wollte meine Verhaltensstudien so durchführen, wie ich es mit den Haushunden auch getan hatte. Dazu beabsichtigte ich, einen Welpen zu mir ins Haus zu nehmen und ihn – wie meine anderen Haushunde – intensiver als seine drei Geschwister zu betreuen.

Hier machten mir die Dingos einen dicken Strich durch die Rechnung! Das Zusammengehörigkeitsgefühl der Dingos war so ausgeprägt, dass es mir nicht möglich war, einen Welpen von den anderen zu trennen. Nicht etwa, weil der einzelne Dingo protestiert hätte. Das war nicht das Problem. Die anderen drei fingen ein lautes Geheul an, so lange, bis ich den vierten Welpen wieder zurück brachte. Ich versuchte noch dreimal, jeweils eine Woche später, einen Dingo von den anderen zu trennen. Es war nicht möglich. Sie registrierten den Verlust sofort und gaben dies lauthals bekannt. Die gleiche Studie führte ich mit vier Deutschen Schäferhunden gleichen Alters mit folgendem Ergebnis durch: die drei zurückgelassenen Hunde schienen das Fehlen des vierten Welpen überhaupt nicht zu bemerken! Auch der separierte Welpe verhielt sich unbekümmert im Haus und vergnügte sich in meiner Gegenwart.

Nachdem ich also die Dingos auch nicht für kurze Zeit trennen konnte, trainierte ich alle vier Welpen zusammen mit dem Programm, das ich auch mit den Haushunden in meiner Welpenstudie durchführte. (FELTMANN) Ich glaubte, man könne immer nur mit einem einzelnen Welpen trainieren, da die Aufmerksamkeit sonst nicht zu erhalten sei. Aber auch hier lehrten mich

1 Wirksame Schein-
attacke.
2–6 Man wartet
respektvoll auf eine
günstige Gelegen-
heit .

die Dingos anderes. Es gelang mir mühelos, mich mit vier Dingos zur gleichen Zeit zu beschäftigen und sie erlernten das, was meine Haushunde-welpen sonst auch lernten.

Natürlich waren meine Dingos insgesamt leichter abzulenken als Haushunde, da sie mit hoher Aufmerksamkeit und Vorsicht jedes Knistern, Rascheln oder andere Ablenkungen sofort wahrnahmen und darauf reagierten. Und trotzdem gelang es mir immer wieder, die Aufmerksamkeit auf mich zu lenken und sie für mich zu interessieren. Sie forderten von mir nur etwas mehr Geduld.

Nachdem das Vertrauen zu mir hergestellt war und der Kontakt zu meinen erwachsenen Hunden geschlossen war, konnte ich die Frage nach der Rangordnung bei Dingowelpen überprüfen.

Die Welpen spielten so, wie wir es von jungen Hunden kennen. Soziale Kämpfe erlebte ich in diesen sieben Wochen ihres Aufenthaltes bei mir ab der zwölften Woche zweimal pro Woche. Sie waren kurz und heftig und hinterließen keine Verletzung, nicht einmal eine Schramme.

Futterstreitigkeiten erlebte ich überhaupt nicht. Wenn verteidigt wurde, musste das Futter auf eine Portion reduziert sein und besondere Qualität haben. Am besten dafür geeignet erwies sich ein großes Stück rohes Fleisch. Es kam nie zu Kämpfen, da die Drohgesten wie Knurren und/oder Zähne zeigen und manchmal ein Imponiersprung auf die wartenden, hungrigen Dingos genügten. Der Fressende wurde respektiert. Er wurde von den anderen drei scharf beobachtet, aber nie attackiert. War der Fressende unaufmerksam, hatte der Aufmerksamste seine Chance. Gelang es dem anderen, den Moment der Unaufmerksamkeit auszunützen, so hatte er die Beute und derjenige, der gerade gefressen hatte, das Nachsehen. Dieser respektierte sofort die Situation und hoffte nun seinerseits auf die Unaufmerksamkeit des Anderen. Aktive Kämpfe um das Futter erlebte ich bis zur 17. Lebenswoche nicht.

Auch meine vier Schäferhundwelpen setzten sich nur über Drohgesten zur Wehr. Ebenso wie bei den Dingos erlebte ich bei diesen keine körperlichen Auseinandersetzungen. Drohgesten genügten, um die anderen auf Abstand zu halten. Wer die Beute hatte, dem gehörte sie. Hingegen erlebte ich bei den Schäferhunden sehr viel häufiger soziale Kämpfe, manchmal mehrmals täglich. Aber auch diese verliefen immer ohne jegliche Verletzungen.

Am friedlichsten waren meine zwei Wolfswelpen im vergleichbaren Zeitabschnitt. Bis zu einem Alter von acht Wochen fraßen sie ohne zu knurren gemeinsam an einem Beutestück. Später schnappten sie sich die Beute und flüchteten damit in Sicherheit. Verfolgte der andere, so wich der Beutebesitzer ständig aus. War die Beute groß genug, so dass sie aus dem Fang hing, und gelang es dem anderen einen „Zipfel" zu erwischen, kam es häufig vor, dass dann gemeinsam an diesem Beutestück gefressen wurde. Dabei wurde weder geknurrt noch wurden die Zähne gezeigt. Sie fraßen bis zur sechzehnten Lebenswoche manchmal Schnauze an Schnauze an einem Fleischbrocken.

Anders als bei meinen Dingos und Schäferhunden respektierten die Wölfe den Fressenden nicht, sondern sahen zu, dass sie von der Beute etwas abbekamen. Ich erlebte zweimal nach der dreizehnten Lebenswoche echte Kämpfe um das Futter. Diese waren von ge-

▶ Zusammenfassung

Bei Welpen untereinander ist bis zur siebzehnten Lebenswoche keine Rangordnung festzustellen. Sie tauschen sich in sozialen Spielen aus und leben eng verbunden miteinander. Drohgesten im sozialen Bereich wurden bei meinen Haushunden häufig, bei meinen Dingos selten und bei meinen Wölfen überhaupt nicht gezeigt. Im allgemeinen wird der Drohende respektiert. Ist das nicht der Fall, wird kurz gerauft.

Soziale Kämpfe sind kurz. Die Kampfbereitschaft bei den von mir beobachteten Haushunden zeigen sich häufiger als bei meinen Dingos. Bei meinen Wölfen war sie gar nicht zu beobachten.

Bei nicht ausreichendem Futter mit hohem Reizwert, z.B. einem Fleischbrocken, wurden die Drohgesten des Fressenden respektiert. Kämpfe um Futter waren bei Haushunden und Dingos nicht zu beobachten, bei den Wölfen erstmalig ab der dreizehnten Lebenswoche.

waltiger Intensität, jedoch von kurzer Dauer und hinterließen keine Verletzungen. Die „Fressfangspiele" fanden immer häufiger statt. Auch das Erhalten der Beute von mir wurde immer fordernder. Ich musste mir die Wölfe ab der 14. Lebenswoche energisch vom Leibe halten. Sie sprangen respektlos an mir hoch und versuchten, ihr Futter zu ergattern.

Soziale Kämpfe erlebte ich bei den beiden Wölfen in dieser Zeit überhaupt keine. Sie waren sehr stark aneinander gebunden. Es war geradezu unmöglich die beiden auch nur für ganz kurze Zeit zu trennen.

Die Rangordnung bei Welpen und erwachsenen Tieren

Wir wollen uns am Beispiel der vier Dingos, der vier Schäferhunde und der beiden Wölfe das Verhalten dieser jungen Tiere und meiner vier erwachsenen Hunde betrachten und dabei herausfinden, wie die kleinen Welpen in die Hundegemeinschaft hineinwachsen und die soziale Ordnung der Hunde erlernen. Menschlich ausgedrückt, wollen wir beobachten, wie Hunde „erzogen" werden.

„Wohlerzogene" Dingos?

Zu dieser Zeit hatte ich vier Hündinnen: Deutsche Schäferhündin, 13 Jahre alt, Deutsch-Langhaar, 9 Jahre alt, Belgische Schäferhündin, 2,5 Jahre alt und Golden Retriever-Hündin, 2 Jahre alt.

Da ich keine Erfahrung mit Dingos hatte, war ich zunächst unsicher, wie die Dingos auf meine Hunde und umgekehrt wie meine Hunde auf die vier Dingowelpen reagieren würden. Aus diesem Grunde wartete ich zwei Tage, um den Dingos Zeit zu geben, sich an mich und ihre neue Umgebung zu gewöhnen.

Zunächst ließ ich jeweils nur eine Hündin zu den Welpen, damit sie sich einzeln kennen lernen konnten. Die alte Schäferhündin ließ sich kurz grüßen und teilte dann mit Drohgesten mit, dass es jetzt genug sei. Das wiederholte sich in den nächsten Tagen noch zweimal. Von da an wurde sie immer respektiert. Keiner der Welpen probierte mehr als nur einen kurzen Gruß.

Die belgische Schäferhündin war ihrem Naturell entsprechend etwas skeptisch, zeigte sich erhaben und inspizierte die kleinen Welpen provokativ. Die Kleinen zeigten Unterwerfungsgesten und verhielten sich ruhig. Sie wurde häufig kontaktiert und deutlich respektiert. Es fanden kurzfristig gemeinsame Spiele statt, die immer von der Hündin beendet wurden.

Die Golden Retriever Hündin wirkte etwas unbeholfen. Sie holte sich grundsätzlich ein Stück Holz oder ein anderes Objekt und kaute darauf herum. Sowie ein Dingo in ihre Nähe kam, knurrte sie gefährlich. Kamen sie zu nahe, schnappte sie nach ihnen. Die Dingos zeigten zunächst Respekt, erkannten jedoch sehr bald, dass die Hündin nicht wirklich bedrohlich war

Erwachsene Hunde sollten beim Welpenspiel nicht fehlen.

und nahmen die Drohgesten innerhalb kürzester Zeit nicht mehr ernst. Drohte sie, wichen sie aus, um sie von der anderen Seite wieder zu belästigen. Das führte häufig dazu, dass sie ihre Spielbeute nahm, aufstand und sich woanders hinlegte. Mit dem Erfolg, dass die Dingos ihr nachliefen und sie wieder „ärgerten".

Die Deutsch Langhaarhündin war wenig kommunikativ mit den Welpen. Sie ging ihnen aktiv aus dem Weg, um sich mit ihnen nicht auseinander setzen zu müssen.

Dieses Zusammenspiel der Dingo-

welpen mit meinen erwachsenen Hündinnen entspricht den Erfahrungen, die ich mit Haushundewelpen und erwachsenen Hunden gemacht habe. Einen kleinen Unterschied bemerkte ich bei

Die Drohgesten werden nicht mehr ernst genommen.

den Dingos. Sie zeigten die „familiäre" Unterwerfungsgeste das „Sich auf den Rücken legen" bis zur 17. Lebenswoche nie. Sie drückten sich auf den Bauch und legten sich dann seitlich. Oft versuchten sie in dieser Lage, den Erwachsenen freundlich zu stimmen und forderten seitlich liegend zum Spiel auf.

Am spannendsten war die Frage, wie meine beiden Wolfswelpen auf meine vier Haushunde reagieren würden. Hierbei musste ich allerdings erst ein anderes Problem lösen.

Die beiden Wölfe, die ich im Alter von 32 Tagen in meine Welpenstudie übernommen hatte, waren überaus scheu. Sie waren in der zweiten Generation im Tierpark geboren. Sie konnten selbst fressen und mussten daher nicht mit der Flasche ernährt werden. Damit waren sie, was die Ernährung anging, von der Mutter unabhängig. Die beiden Welpen hatten bis dahin noch keine Menschen kennen gelernt.

Auch sie wurden wie die Dingos in einer Flugbox im Auto transportiert. Im Unterschied zu den Dingos hörte ich

keinen Laut und kein Lebenszeichen aus dieser Box. Sie waren so verängstigt, dass sie, bei mir zu Hause angekommen, noch genau so in der Flugbox lagen, wie sie hineingelegt worden waren. Sie waren in ihrer Angst wie gelähmt. Ich überließ sie zunächst sich selbst. Es dauerte lange bis sie die geöffnete Flugbox verließen. Dann aber fanden sie sehr schnell das Versteck, das ich ihnen für ihre Geborgenheit vorbereitet hatte. Ich musste sie also erst an ihren neuen Lebensbereich gewöhnen und ihre Angst abbauen, bevor ich sie mit meinen Hunden konfrontieren konnte. Betrat ich z.B. das Wolfshaus, gingen sie blitzartig in die Flucht und versteckten sich in ihrer „Fluchthöhle". Zu dieser Höhle hatte ich von oben Zugriff, so dass ich sie hervorholen konnte. Das geschah jeden Tag mindestens sechsmal. Dies ließen sie sich zunächst anstandslos gefallen. Sie fielen jedes Mal in die Tragestarre. (Tragestarre: greift z.B. eine Wolfsmutter einen Welpen, um ihn von einem Ort zum anderen zu transportieren, hängt

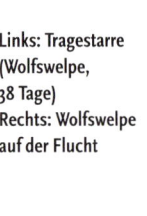

Links: Tragestarre (Wolfswelpe, 38 Tage)
Rechts: Wolfswelpe auf der Flucht

Drohung und Beschwichtigung: aufeinander abgestimmte Gesten

er bis etwa zur sechsten Lebenswoche wie leblos im Fang der Mutter. Auf diese Weise kann der Transport schnell und geräuschlos geschehen. Damit wird die Aufmerksamkeit eines „Feindes" vermieden.) Legte ich sie dann vor mir auf einen Tisch, wurden sie steif und rührten sich nicht. Nach fünf Tagen würdigten sie mich das erste Mal eines Blickes. Nach sieben Tagen begannen sie Kontakt zu mir aufzunehmen und aus meiner Hand zu fressen. Nach weiteren zehn Tagen gingen sie zwar bei meinem Erscheinen in die Flucht, warteten bis ich ruhig saß und kamen nach einer Weile vorsichtig von selbst aus ihrem Versteck. Sie sprangen dann auch von selbst in ihre Schlafkiste. Dort warteten sie auf das Futter, das sie nach wie vor aus meiner Hand bekamen. Nach weiteren zwei Wochen hatte ich den Eindruck, dass sie nur noch pro Forma in die Flucht gingen, denn sie kamen schnell wieder hervor. Dazu

musste ich mich auch nicht mehr hinsetzen. Hob ich sie auf den Tisch, begannen sie mich zärtlich an den Armen zu beknabbern und zu lecken. Sie waren vollkommen entspannt und genossen die Zärtlichkeiten, die von meiner Seite kamen. Zwischen der neunten und zehnten Lebenswoche begrüßten sie mich herzlich und sprangen an mir hoch.

Bevor ich die kleinen Wölfe also mit meinen Hunden bekannt machen konnte, mussten sie in ihrem neuen Lebensbereich eine gewisse Sicherheit haben. Ich konnte sie im Garten nur mit Brustgeschirr und Leine laufen lassen und musste dabei höllisch aufpassen, dass sie mir nicht entkamen. Sie wären in den ersten vierzehn Tagen, die sie bei mir lebten, geflohen und ich hätte sie nur schwer wieder finden können.

Nachdem sich das extreme Fluchtverhalten gelegt hatte, ließ ich sie im Garten mit schleifender Leine frei lau-

fen und zunächst jeweils mit einem meiner Hunde Kontakt aufnehmen. Die Wölfe erkannten sofort in jedem meiner Hunde ihren Artgenossen und verhielten sich entsprechend. Sie machten keinen Unterschied, obgleich meine Hunde sehr unterschiedlich aussehen. Sie grüßten wesentlich untertäniger und ausdauernder als die Dingos oder die Schäferhunde. Sie grüßten immer und immer wieder. Für meine Hunde war das geradezu lästig.

Die belgische Schäferhündin (knapp sechs Jahre alt) musste häufig drohen und zur äußersten Drohgeste greifen. Sie knurrte, zeigte die Zähne und, wenn das nichts half, griff sie den kleinen Wolf am Hals – natürlich ohne zu beißen! – hielt ihn fest und wartete ruhig darauf, dass sich der Wolf nicht mehr rührte. Das erreichte sie sehr schnell. Nur der kleine Wolf grüßte sofort wieder, sobald sie ihn los ließ. Sie brauchte 14 Tage, bis die beiden Wölfchen das Knurren und Zähnezeigen respektierten und Abstand hielten.

Die Deutsche Schäferhündin (2 Jahre), die selbst noch sehr unreif war, versuchte ohne viel Grund, den Wölfen pausenlos zu imponieren, so dass ich meine Hündin manchmal zurechtwies und ermahnte, damit aufzuhören. Die beiden Wölfchen entwickelten ein freundschaftliches Verhältnis zu dieser Schäferhündin und sahen die Drohgesten wahrscheinlich so, wie sie auch gemeint waren, als „angeberisches Imponiergehabe" an.

1 Respektvolle Distanz
2 Umstimmungsgeste: „So weit muss die Distanz nicht sein!"
3 „Wenn Du meinst!"
4 Die Schäferhündin toleriert die Nähe.

„Halte Abstand!"

Die Golden Retriever Hündin (5,5 Jahre) hingegen wurde zunächst wirklich respektiert. Sie drohte ausdrucksstark. Aber wie bei den Dingos duldete sie Respektlosigkeiten. So wurde sie auch von den kleinen Wölfen schnell durchschaut und nicht mehr ernst genommen!

Meiner Deutsch Langhaarhündin (13 Jahre) tat ich die jungen Wölfe nicht mehr an, da sie in ihrem Alter mit Welpen generell nicht mehr viel zu tun haben wollte.

Im nächsten Augenblick wird die Nähe akzeptiert. Wo bleibt die Konsequenz?

Die Körpergröße spielt beim Setzen der Autorität keine Rolle.

Es kamen häufig erwachsene Hunde zu Besuch, die sich mit den Wölfen beschäftigten. Es gab nie ein Problem. Die Wölfe beherrschten die Sprache unserer domestizierten Haushunde, obgleich es sich um ganz unterschiedliche Hunderassen handelte. Es spielte keine Rolle, ob die Hunde groß- oder kleinwüchsig waren, stehende oder hängende Ohren hatten, weiß oder schwarz waren. Sie wurden immer und sofort als Artgenossen erkannt. Die Verständigung klappte perfekt und der Respekt, der jedem erwachsenen Hund gezollt werden musste, wurde überschwänglich gezeigt.

Die gegenseitige Achtung führt zur Harmonie in der Gemeinschaft.

Die Intensität der Unterwerfungsgesten und auch die Dauer, in der sie gezeigt wurden, waren im Vergleich zu unseren Haushunden und den Dingos deutlich ausgeprägter. Gemeinsame Kontaktspiele wie Schnauze beißen, Ohren zwicken oder in die Extremitäten beißen und Schwanz fangen konnte ich bis zum vierten Lebensmonat nie beobachten. Ebenso erlebte ich keine gemeinsamen Beute- oder Fangspiele, wie sie bei unseren Haushunden ab dem dritten Lebensmonat oft zu beobachten sind. Ich hatte den Eindruck, dass die Zeit, in der ein Welpe lernt „Halte Abstand! Respektiere den Anderen! Und meine die geschenkte Achtung auch ernst!" bei den Wölfen im Vergleich zu unseren Haushunden erheblich verzögert war. Nach meinen Beobachtungen beherrschten diese Regeln die Haushunde im allgemeinen bereits perfekt mit der achten Lebenswoche. Diese Verzögerung der Anerkennung von Drohgesten könnte daran liegen, dass die Verständigung zwi-

▶ Fazit

Zuerst müssen klare Linien in der Gemeinschaft gezogen sein, dann erst können zwischen erwachsenen und jungen Hunden ausgelassene gemeinsame Spiele folgen. Die Richtlinien müssen klar sein, dann erst können sie im Spiel verworfen werden! Der erwachsene Hund wird von den Welpen – ob Dingo, Haushund oder Wolf –, wie wir gesehen haben, im allgemeinen immer als Autorität anerkannt. Das ist eine unabänderliche Situation. Eine Rangordnung muss sich entwickeln und formt sich den Persönlichkeiten der einzelnen entsprechend. So lange die Welpen in ihrer gewachsenen Hundegemeinschaft von den erwachsenen Hunden betreut werden, besteht eine Abhängigkeit der jungen Hunde von den erwachsenen Hunden. Das ist eine Situation, in der die Ordnung vorgegeben ist. Der erwachsene Artgenosse gilt von vorne herein als überlegen, wird von den Welpen anerkannt und seine Autorität wird als selbstverständlich angesehen. Die jungen Hunde im Stadium der Eroberung der Umwelt sind noch in der sozialen Lernphase und werden vom Erwachsenen geschult und geführt.

schen Wolfswelpen und Haushunden zwar hervorragend funktioniert, aber die Haushunde im Zeigen ihrer Autorität zu wenig Intensität haben. Aus diesem Grund könnten die Wölfe Probleme gehabt haben, auf die Drohgesten angemessen zu reagieren. Es schien, als starteten sie immer wieder neue Testversuche.

Solange aber unaufhörlich Unterwerfungsgesten gezeigt werden, um die Anerkennung der Autorität zu demonstrieren, können keine gemeinsamen Spiele stattfinden. Hier liegt sicher der Grund, warum die erwachsenen Hunde mit den kleinen Wölfen nicht gespielt haben.

Beispiel *Meine erwachsene Golden Retrieverhündin wurde im Laufe meiner Verhaltensstudie häufig mit Welpen konfrontiert, die in unsere Lebensgemeinschaft integriert wurden. Sie war selbst von meinen erwachsenen Hunden gut sozialisiert worden und wusste, sie zu respektieren, so wie es sich unter Hunden gehört. Kam ein Welpe in unsere Gemeinschaft, so ergriff sie „Erziehungsmaßnahmen", die der Welpe verstand und auch entsprechend respektierte. Wie es sich für einen psychisch gesunden Welpen gehört, testete er nach einer Weile, ob es nicht genüge, nur so zu tun, als unterwerfe er sich. Jetzt zeigte sich der geeignete oder ungeeignete Lehrmeister. Bei diesen Testversuchen gab die Golden Retrieverhündin nach und bestand nicht auf ihrer Forderung, Abstand zu halten oder ein Spiel zu beenden. Das führte dazu, dass die Welpen ihre Drohgesten nach einer Weile nicht mehr ernst nahmen. Auf diese Weise wurde sie häufig von den Welpen regelrecht traktiert. Sie tanzten ihr sozusagen auf der Nase herum. Zum Glück lebten in meiner Hundegemeinschaft auch*

Persönlichkeiten, die sehr konsequent waren. So wurden die Welpen trotzdem gut sozialisiert. Damit erhielten sie gleich noch eine zusätzliche Lektion. Sie lernten, ihr Verhalten auf die verschiedenen Persönlichkeiten einzustellen und differenzierten sehr genau, bei welchem Hund sie sich kleine „Ungezogenheiten" erlauben konnten und bei welchem sie sich ernsthaft zeigen mussten.

Hier stellt sich heraus, ob ein erwachsener Hund als „Erzieher" geeignet und konsequent ist oder nicht. Der konsequente „Erzieher" wird mit Nachdruck den provokanten Welpen in der uns bekannten Form zurechtweisen. Der inkonsequente Hund weist den Welpen zurecht, der Welpe unterwirft sich, wie es sich gehört, wahrt aber den geforderten Respekt nicht. Er steht sofort wieder auf und nimmt erneut Kontakt auf. Dies würde der konsequente Hund keinesfalls dulden. Der inkonsequente Hund jedoch nimmt den Kontakt an und reagiert nicht mehr mit einer „Abweisung". Was lernt der Welpe? Die Drohgesten des erwachsenen Hundes sind nicht ernst zu nehmen! Es gibt unter Hunden wie unter Menschen Persönlichkeiten, die sich konsequent und andere, die sich eher inkonsequent verhalten.

Ein weiteres **Beispiel** *soll die Bedeutung hervorheben, wie wichtig das soziale Lernen für einen Welpen ist und wie wesentlich es ist, dass der erwachsene Hund im Welpenalter gut sozialisiert worden ist.*

Ein Züchter hatte einen Wurf belgischer Schäferhunde, die mit den Elterntieren zusammen lebten. Die Welpen entwickelten sich gut. Als sie etwa fünf Wochen alt waren, distanzierte sich die Mut-

ter sehr von ihren Jungen. Sie begannen häufig Kontakt mit dem Vater aufzunehmen. Diesem waren die körperlichen Kontakte mit den Welpen überhaupt nicht recht. Er knurrte laut, deutlich und ausdauernd. Dazu zeigte er noch sehr ausgeprägt die Zähne. Zunächst fuhren die Welpen erschrocken zurück und unterwarfen sich. Sie hielten Abstand. Allmählich aber erkannten sie, dass diesem Drohverhalten, wenn sie den gezeigten Abstand von sich aus verringerten und doch wieder körperlich zu nahe traten, kein Nachdruck, etwa mit einem „Abschnappen", gegeben wurde. So lernten sie aus dieser Erfahrung: „Knurren und Zähne zeigen sind nicht ernst zu nehmen". Sie turnten ungeniert auf ihrem Vater herum und traktierten ihn regelrecht. Die Drohgesten hatten ihre Bedeutung verloren und die genetisch fixierten Unterwerfungsgesten wurden nicht mehr entsprechend verwendet. Sie lernten: „Drohverhalten hat keine Bedeutung".

Im Alter von acht Wochen kam einer dieser Welpen in eine Hundegemeinschaft mit drei erwachsenen Hunden. Mit Einfühlungsvermögen wurde der Welpe jedem der Hunde einzeln vorgestellt. Nach zwei Tagen hatte der Welpe seine neue Umgebung kennen gelernt und versuchte, mit den erwachsenen Hunden intensivere Kontakte zu schließen. Er grüßte lang und andauernd. Die erwachsenen Hunde teilten ihm knurrend mit, dass die Begrüßung jetzt reiche. Da der Welpe gelernt hatte: „Knurren hat keine Bedeutung", hörte er nicht mit dem Schnauzenlecken als Begrüßung auf. Es dauerte nicht lange, so wies ihn jeder dieser drei Hunde mit zunehmend heftigeren Drohgesten zurecht. Das war zuviel. Hörte er von nun an nur ein Knurren, reagierte er übermäßig und ging schreiend in die Flucht. Er wirkte völlig verängstigt, war verstört und wagte

zunächst überhaupt nicht mehr, sich in Gegenwart der erwachsenen Hunde zu bewegen. Ganz allmählich entspannte sich die Situation. Äußerst vorsichtig näherte er sich allmählich den anderen Hunden wieder. Es dauerte vier Wochen, bis der Welpe begriffen hatte, wie die Drohgesten der Erwachsenen einzustufen sind und gelernt hatte, sein soziales Verhalten auf das Verhalten der erwachsenen Hunde entsprechend fein und richtig abzustimmen.

An diesem Beispiel erkennen wir nicht nur, wie wichtig es ist, gut sozialisierte Hunde mit Welpen Kontakt aufnehmen zu lassen, sondern auch, wie gefährlich es werden kann, wenn Welpen Falsches lernen.

Dieses Beispiel zeigt aber auch, dass soziales Fehlverhalten, wenn es zum richtigen Zeitpunkt erkannt wird und der Lernprozess noch nicht abgeschlossen ist, also bis etwa zur 17. Lebenswoche, doch noch korrigiert werden kann.

Zusammenfassung der sozialen Lernschritte

Ich möchte nochmals die sozialen Lernschritte eines Welpen deutlich hervorheben, da die genaue Kenntnis dieser Lernvorgänge das Zusammenleben von uns Menschen mit dem Hund äußerst positiv beeinflussen kann.

Was also muss ein Welpe im dritten Entwicklungsstadium lernen, um später ein gut sozialisierter Hund zu sein, der Sicherheit ausstrahlt und ein vollwertiges Mitglied in seinem Rudel wird?

DER ERSTE SCHRITT ▶ Der Welpe lernt den „Erwachsenen" zu respektieren. Das bedeutet: er lernt die persönliche Nähe, die zunächst mit ständigem

Die beiden kleinen
Wölfe haben den
Umgang mit dem
Erwachsenen ge-
lernt und fühlen
sich dabei sichtlich
wohl.

Körperkontakt verbunden war, zu lockern. Der erwachsene Hund teilt zunächst über Lautäußerungen (Knurren) und/oder Zähne zeigen mit, dass er die Nähe nicht möchte. Der Welpe versteht diese Forderung und zeigt über entsprechende angeborene Unterlegenheitsgesten, dass er ihn verstanden hat, ihn respektiert und einen gewissen Abstand zu ihm einhalten wird. Das Ziel dieser „Erziehung" ist, den jungen Hund zu lehren, individuellen Abstand zu halten, wenn er gefordert wird. Dieser Abstand ist nichts Festgelegtes, Starres, sondern er ist variabel. Er hängt von der Stimmung des Überlegenen ab.

Der soziale Lernvorgang ist abgeschlossen, wenn der Welpe die Drohgesten erkennt, sie mit entsprechend fein abgestimmten Unterwerfungsgesten beantworten und damit die Achtung dem „Anderen" gegenüber signalisieren kann.

DER ZWEITE SCHRITT ▶ Ein psychisch gesunder Welpe wird, wenn er die Lektionen des ersten Schrittes gut verstanden hat und weiß, was das Einhalten der geforderten Distanz (Individualdistanz) bedeutet, versuchen, den erwachsenen Hund zu täuschen. Er zeigt – wie gelernt – auf die Forderung, Abstand zu halten, seine Unterwerfungsgesten. Anschließend verhält er sich aber nicht entsprechend. Er unterschreitet sofort den geforderten Abstand und nimmt wieder körperlichen Kontakt auf. Jetzt wird der Welpe mit der äußersten Drohgeste zurechtgewiesen. Der Welpe reagiert ebenfalls mit der äußersten Unterwerfungsgeste. Er drückt sich auf den Boden, rollt sich unter Umständen auf den Rücken und

bleibt wie leblos liegen. Das Wichtigste an diesem Zusammenspiel ist das „Nachspiel". Der erwachsene Hund muss überprüfen, ob die gezeigte Unterwerfung und damit die Anerkennung der Autorität ernst gemeint ist. Die Überprüfung erfolgt mit einem

Der Erwachsene hält die Begrüßung für ausreichend.

Mit dem Umstimmungssignal des Kopf-Wegdrehens soll die Zuwendung des Welpen beendet werden.

1 Die Gesten der Unterwerfung müssen ernst gemeint sein.
2 Dies wird entsprechend nachkontrolliert.

▶ Zusammenfassung

Der soziale Status zwischen Welpen und erwachsenen Hunden ist zunächst eindeutig. Der erwachsene Hund wird immer als Überlegener angesehen und entsprechend respektiert. Dies wird mit angeborenen Unterwerfungsgesten ausgedrückt.

Der erwachsene Hund fordert den Welpen in von ihm bestimmten Situationen auf, Respekt zu zeigen und ihn zu achten. Dabei lernt der Welpe, seine Unterwerfungsgesten auf den überlegenen „Anderen" fein abzustimmen. Der Überlegene überprüft, ob die gezeigte Unterwerfung ernst gemeint ist. Ist sie ernst gemeint, wird der Welpe den geforderten Abstand, die Individualdistanz, einhalten. Er wird entweder in angemessenem Abstand verweilen oder dem erwachsenen Hund mit entsprechend großer Distanz folgen.

Der geforderte Abstand kann je nach Stimmung des Überlegenen in gewissem Rahmen variieren.

Der erwachsene Hund kann allerdings seine naturgegebene Autorität verspielen, wenn er sich dem Welpen gegenüber inkonsequent verhält. Die Anerkennung der Autorität hängt von der Konsequenz des Überlegenen ab. Welpen und erwachsene Hunde können erst dann unbefangen miteinander spielen, wenn der Welpe verstanden hat, auf die Autorität des erwachsenen Hundes angemessen zu reagieren.

langsamen sich Entfernen im Zeitlupentempo; während dieser Zeit darf sich der Welpe nicht bewegen. Der Respekt fordernde Hund kontrolliert so die Glaubwürdigkeit der Unterwerfung.

Im zweiten Schritt des sozialen Lernens werden die Abstufungen der Unterwerfungsgesten geschult. Der erwachsene Hund lässt dem Welpen bestimmte Spielräume, um auf den geforderten Respekt zu antworten. Dabei lernt der Welpe, sich auf die einzelnen Persönlichkeiten der erwachsenen Hunde einzustellen.

Der sozialisierte Hund kennt die Drohgesten des Respekt fordernden Hundes und weiß mit entsprechenden Gesten darauf zu reagieren. Er kennt den richtigen Zeitpunkt, den Ausdruck der Intensität und die Dauer seiner Unterwerfung.

Die Rangordnung in erwachsenen Gruppen

▶ Die Ausdrucksformen des sozialen Status eines Hundes

Ich möchte noch einmal kurz die Ausdrucksformen darstellen, welche die Überlegenheit (Dominanz) und die entsprechende Unterlegenheit (Subdominanz) kennzeichnen. Dabei müssen wir zwischen der Unterlegenheit, die von kurzer Dauer ist, und der Unterlegenheit, die ausdauernd und fortwährend gezeigt wird, unterscheiden. In diesem Fall sprechen wir von „Unterwürfigkeit" (Submission). Die Subdominanz kennzeichnet das harmonische Zusammenleben in einem Familienverband und zeigt, dass die persönlichen Beziehungen in Ordnung sind. Die Submission ist ein Zustand, der mit hoher psychischer Belastung einhergeht. Das so belastete Tier ist häufig handlungsunfähig. Es wagt nicht mehr, sich zu bewegen, wenn der Überlegene in der Nähe ist und ebenso wagt es sich nicht zu fressen. Ist das Tier häufig diesem psychischen Druck ausgesetzt und kann es sich dem nicht entziehen, wird es mit Krankheiten oder psychischen Auffälligkeiten reagieren. Häufig überlebt ein Tier diesen Druck auf Dauer nicht.

Eine weitere Kategorie sozialer Ausdrucksformen sind die so genannten Umstimmungssignale. Diese werden in der Literatur bislang ein wenig vernachlässigt, wobei sie im Zusammenleben gut sozialisierter Hunde große Bedeutung haben.

DIE DROHGESTEN ▶

▶ Starres, hochbeiniges Stehen mit hochgestellter Rute
▶ Aufstellen des Nackenhaares
▶ Aufrichten und nach vorne Stellen der Ohren
▶ Weites Öffnen der Augen
▶ Verengen und nach vorne Richten der Lippen
▶ Hochziehen der Lefzen oder Knurren (oder beides zugleich)
▶ Schnappen
▶ Zuspringen auf den Anderen, ohne ihn zu berühren
▶ Äußerste Drohgeste: auf den Anderen zuspringen, ihn am Hals packen und ohne zu beißen ruhig festhalten, bis der Andere sich nicht mehr rührt
▶ Nachkontrolle: Überprüfung, ob die gezeigte Unterwerfung ernst gemeint ist. Sie ist ebenso wichtig wie die Drohung selbst.

In ihrer stärksten Form ist die Kör-

1 Zwei Rüden, die sich das erste Mal begegnen. Die Unterwerfungsgeste genügt nicht.
2 Also verwendet der Dominante deutlichere Gesten und fügt die Stimme hinzu.

1 Border Terrier Hündin (12 J.) weist Golden-Retriever-Hündin (7 Mon.) zurecht.

persprache des Hundes für uns Menschen relativ leicht zu deuten. Die Schwierigkeit der richtigen Auslegung von Gesten liegt im oft kaum wahrnehmbaren, feinen Übergang vom entspannten in den erregten Zustand.

Hunde zeigen ihre Körpersprache in so hochsensibler Abstimmung, dass wir Menschen unser Auge sehr intensiv schulen müssen, um sie zu erkennen. Wir müssen die Gesten aber nicht nur wahrnehmen, sondern sie auch noch

Die Unterwerfung muss ernst gemeint sein.
Ist sie es nicht, wird die äußerste Drohgeste angewendet. (Mutter 2 J. und Tochter 8 Mon.)

Linke Seite:
2 Die beiden Rüden kennen sich nicht.
3 Wer von beiden ist der Überlegene?
4 Der Golden Retriever gibt nach, obgleich die Körperhaltung noch Dominanz ausdrückt.
5 Jetzt ist die Unterwerfung eindeutig.
6 Der Überlegene entfernt sich langsam. Eine kampflose Einigung!

entsprechend verstehen und richtig interpretieren. Das sind hohe Ansprüche, die an uns gestellt werden. Wir Menschen neigen nur allzu bereitwillig dazu, die Interpretation von Beobachtungen festzulegen, ohne die Gesetzmäßigkeit, die für eine stimmige Auslegung des Verhaltens zwingend ist, wirklich überprüft zu haben.

Beispiel *Es ist mir aufgefallen, dass der „Schnauzengriff" – der überlegene Hund*

Der Schnauzengriff, eine familiäre Geste, die freundschaftliche Beziehungen ausdrückt.

greift über den Fang des Unterlegenen – zwar immer vom dominanten Hund ausgeführt wird, aber nie der Ausdruck eines ernst gemeinten Dominanzverhaltens ist. Das Greifen über die Schnauze wird ausschließlich im Familienverband verwendet. Er ist ein Zeichen hoher Vertrautheit und weist auf positives Kontaktverhalten zwischen dem Überlegenen und den im Rang niedrigen Familienmitgliedern hin.

Nach E. ZIMEN ist der „Schnauzengriff" eine Form des Sozialkontaktes, der eine ständige Vergewisserung und gegenseitige Bestätigung friedlicher, nicht aggressiver Stimmung zwischen den Rudelmitgliedern darstellt.

Auch hier ein Beweis der Freundschaft! (Wolf, 14 Wochen)

Wenn der Schnauzengriff der Ausdruck hohen gegenseitigen Vertrauens ist, dann ist die Verwendung eines Haltis ein absoluter Vertrauensbruch zwischen dem Menschen und seinem Hund. Das Halti

ist ein Kopfhalfter für den Hund, das über den Fang des Hundes gelegt wird. Die Leine wird unterhalb des Kinns befestigt. Auf

Der Ursprung dieser Geste liegt im Futterbetteln.

diese Weise ist es möglich, den Hund entweder zu bremsen oder seitlich mitzuführen, da der Kopf sowohl nach unten als auch zur Seite gezogen werden kann. Der Mensch hofft, mit diesem Hilfsmittel dem Hund das Ziehen an der Leine abzugewöhnen und ihn damit leinenführig zu machen oder davon abzuhalten anderen Hunden aggressiv zu begegnen.

Leider wurde der „Schnauzengriff" oberflächlich als allgemeine Dominanzgeste interpretiert. Aus dieser falschen Auslegung heraus entstand wohl die Idee, das Halti zu entwickeln – ein Werkzeug, das den Hund zu gewünschten Handlungen zwingt.

DIE UNTERWERFUNGSGESTEN ▶

- Zurücklegen der Ohren
- Klemmen der Rute
- Verengen der Augenlider zu Schlitzen
- Kurzes Lecken über die Nase
- Reduktion der Körpergröße

Deutliche Unterwerfungsgeste, mit dem Umstimmungssignal der Spielaufforderung gekoppelt.

Alle Unterwerfungs-
gesten sind hier ver-
eint (Deutsch Lang-
haar, 3 J.)

1-4
Fein aufeinander
abgestimmte Ges-
ten verhindern kör-
perliche Auseinan-
dersetzungen.

Gut sozialisierter
Golden-Retriever-
Welpe (3 Mon.) be-
gegnet das erste
Mal dem Schäfer-
hund und weiß sich
zu benehmen.

▸ Drücken auf den Bauch (wird von allen Hunden in entsprechender Situation angewandt)

▸ Legen auf den Rücken (wird im Allgemeinen nur unter „Familienmitgliedern" angewandt)

Auch diese Gesten sind mit sehr feinen körperlichen Nuancierungen gekoppelt, die dem menschlichen Beobachter häufig entgehen.

DIE UMSTIMMUNGSSIGNALE ▸ Diese Signale werden sowohl vom Respekt fordernden, als auch vom Respekt anerkennenden Hund verwendet mit der Bedeutung: „Ich möchte mich jetzt nicht mit Dir auseinandersetzen! Ich möchte Deine derzeitige Stimmung umwandeln!"

Mit den Umstimmungssignalen sollen sowohl die Drohgesten als auch die Unterwerfungsgesten gemildert, zum

Die abgelegte Belgische Schäferhündin ist im Konflikt: Sie hat den Auftrag zu liegen und muss sich mit einem Artgenossen auseinander setzen. Sie verwendet die Umstimmungssignale: Abwenden des Kopfes, fingierte Körperpflege.

Die überlegene Schäferhündin wendet sich ab und gibt der unterlegenen Hündin mit dem Umstimmungssignal des Schnüffelns Zeit, das Gefühl der Unterwerfung abzubauen.

Der Hund ist nicht müde! Ein typisches Umstimmungssignal.

Abklingen gebracht oder beendet werden. Dazu bedienen sich Hunde verschiedener Verhaltensweisen wie z.B. plötzlicher Körperpflege, Grasfressen, den Kopf in eine andere Richtung drehen, intensiv an einem Ort schnuppern und vieles mehr. Manchmal verwenden die Hunde diese Signale sogar, um gezeigtes Verhalten umzuwandeln. Ein Hund signalisiert z.B. Unterwerfung und wandelt diese Geste in eine Spielaufforderung um, oder er animiert zu einem „Fangspiel" so dass der Andere auf die entsprechende Antwort verzichtet und sich „umstimmen" lässt. Mit

1 Vorsichtige Begegnung des Havaneserwelpen (3 Mon.) mit dem Schäferhund.
2 Die Spielaufforderung dient der Umstimmung.
3 Der Trick ist erfolgreich. Statt Dominanz zu zeigen, wird mitgespielt.

Dieses Signal wird auch beim Menschen verwendet. Statt sich zu setzen, fordert man lieber zum Spiel auf!

diesen „Ablenkungsmanövern" geben sich die Hunde Gelegenheit, sich mit „Anstand" aus der „Affäre" zu ziehen, ohne ihr Gesicht zu verlieren.

▶ Das Rudel

Von ausschlaggebender Bedeutung für die Entwicklung des Sozialverhaltens bei Hunden ist das Stadium der Eroberung der Umwelt. Ist diese genetisch vorgegebene Zeit mit den entsprechenden Umwelterfahrungen und Lernprozessen erfüllt worden, so wird die soziale Organisation in einer Lebensgemeinschaft ihren geordneten Verlauf nehmen.

Sprechen wir bei Wölfen und Hunden von geordneten Lebensgemeinschaften, meinen wir ein Rudel. Auch hier müssen wir erst den Begriff „Rudel" klären, da dieser oft falsch definiert oder falsch verstanden und ebenso falsch gebraucht wird. Als Folge davon werden falsche Schlüsse für den Umgang mit dem Hund gezogen, die dann wiederum zu großen Missverständnissen zwischen Mensch und Hund führen.

Wann sprechen wir von einem Rudel und wann können wir beim Wolf von einem Rudel sprechen?

„Von einem Rudel kann man nur dann sprechen, wenn die einzelnen Wölfe integriert sind und die Gruppe als einheitlich Ganzes agiert. Die Stabilität der Beziehungen innerhalb der Gruppe bestimmt wesentlich die Art der Nutzung der Beute und die Stellung der Gruppe in der Biozönose." (BIBIKOW) (Biozönose: entsprechender Lebensraum eines Tieres)

Er sagt weiterhin: „Für territoriale Tiere mit einer geordneten Struktur der Beziehungen und einer geregelten Verteilung der Familiengruppen (Rudel),

mit einer klaren Stellung der Individuen innerhalb dieser Gruppen ist ein einwandfrei arbeitendes Informationsund Kommunikationssystem unerlässlich, durch Sehen (visuell), durch Geruch (olfaktorisch) und durch Hören (akustisch)."

Nach BIBIKOW ist das reibungslose Zusammenleben der Wölfe von der Mutter des Rudels, ihrem Sozialverhalten und der Rudelstruktur abhängig.

Der Grund, warum ich auf die soziale Ordnung der Wölfe zurückkomme, liegt in der Erfahrung, die ich mit meinen beiden kleinen Wölfen und meinen Haushunden gemacht habe. Die beiden Welpen verbrachten das dritte Stadium der Eroberung der Umwelt, eine Zeit des intensivsten Lernens, nicht in ihrer Wolfsfamilie, sondern bei mir und meinen erwachsenen Hunden. Sie wurden also von europäischen Haushunden sozialisiert. Der spannendste und aufregendste, aber auch der schmerzlichste Augenblick im Zusammenleben mit meinen Wölfen war die Abgabe der beiden Jungwölfe in ihre Wolfsfamilie. Wie würde die „Familienzusammenführung" gelingen?

Ich brachte die beiden Tiere, nachdem sie von der fünften bis zur siebzehnten Lebenswoche in meiner Mensch-Hund-Gemeinschaft gelebt hatten, wieder in den Tierpark zu ihren Eltern und den drei Brüdern zurück. Damit war eine lange Autofahrt verbunden, welche die Wölfe ohne Angst in ihrer offenen Schlafkiste verbrachten. Sie verließen diese Kiste sogar, um sich zu versäubern und ihren Schlafplatz nicht zu beschmutzen. Nachdem sich die beiden Tiere von der langen Fahrt etwas erholt und sich mit den Gerüchen der neuen Umgebung ein wenig vertraut gemacht hatten, ließen der Betreuer der Wölfe und ich sie einzeln im Abstand von etwa zehn Minuten in das Gehege hinein. Es war geradezu rührend anzusehen, mit welcher Freude und Offenheit erst die eine, dann die andere Wölfin in ihre ursprüngliche Gemeinschaft wieder aufgenommen wurde. Die beiden Wolfswelpen hatten, obgleich sie die soziale Lernphase nicht in ihrer „Familie", sondern mit Haushunden verlebt hatten, keine sozialen Lerndefizite.

Das bedeutet, dass unsere europäischen, domestizierten Zuchthunde nach 13.000 Jahren in ihrem sozialen Verhalten offensichtlich noch keine bedeutenden Mängel aufzuweisen haben. Die beiden kleinen Wolfsfähen waren also von meinen Hunden in der wichtigsten Zeit des Lernens vorzüglich in ihrem Sozialverhalten geschult worden. Die sozialen Regeln der Wölfe haben ganz offensichtlich auch bei unseren Hunden noch ihre Gültigkeit!

Daher lohnt es, sich die Organisation in den Lebensgemeinschaften von Wölfen vor Augen zu halten. Wir können dann vielleicht das soziale Empfinden und die sozialen Bedürfnisse unserer Haushunde besser begreifen.

Bedenken wir immer, dass der Hund eine Doppelbelastung hat. Er muss die soziale Ordnung unter Hunden lernen und ebenso die soziale Ordnung zwischen ihm und dem Menschen.

Haben wir Menschen die Gesetze erkannt, welche die Ordnung unter Hunden regeln, fällt es uns leichter, unseren Hunden die Gesetze, welche die Ordnung zwischen Mensch und Hund regeln, zu vermitteln.

Wenn wir von einem Wolfsrudel sprechen, ist ein Aspekt von hoher Bedeutung, der aber fast immer vernachlässigt wird: Rudel ist nicht gleich Rudel!

Wir müssen zwischen einem gewachsenen Rudel und einer Sammelgruppe unterscheiden.

Das gewachsene Rudel setzt sich aus Wölfen zusammen, die in einem Familienverband aufwachsen und in dieser Gemeinschaft verbleiben.

Die Sammelgruppe besteht aus Wölfen, die aus verschiedenen Familienverbänden stammen, und sich erst als erwachsene Tiere zusammengeschlossen haben.

DAS RUDEL ALS FAMILIENVERBAND ▶ In einem gewachsenen Rudel werden die

Links: Im gewachsenen Rudel wird die Dauer der Zuwendung vom Überlegenen bestimmt. Rechts: Dies führt zum entspannten Miteinander. (Wolf, 16 Wochen)

Die Familienzusam-
menführung erfolg-
te mit herzlicher Be-
grüßung.

Die fünf Wolfsge-
schwister (10 Mona-
te) in ihrem Gehege
in Perleberg.

Welpen von den Wolfseltern sozialisiert, d.h. die Welpen müssen die soziale Ordnung erlernen, ohne die es nicht möglich ist, in einer Gemeinschaft zu leben. Sie lernen den „Anderen" zu respektieren und zu achten. Hierbei ist es wichtig zu wissen, dass die entsprechenden Verhaltensweisen, die den Respekt signalisieren, angeboren sind. Ebenso sind die Verhaltensweisen genetisch fixiert, die Achtung und Respekt fordern.

Wenn die Verhaltensformen angeboren sind, was muss im sozialen Bereich dann noch gelernt werden?

Es gilt, die **Anwendung** dieser fixierten Verhaltensweisen zu lernen. Das bedeutet: Jede Reaktion muss eine zum gesetzten Signal entsprechende Antwort sein. Diese hat rasch zu erfolgen und in Intensität und Dauer auf das gegebene Signal zu passen. Signal und Antwort müssen sehr fein aufeinander abgestimmt werden. Es gilt also auch, die feine **Abstimmung** von genetisch festgelegten Verhaltensweisen zu lernen. (siehe: soziale Lernschritte, erster Schritt, Seite 67). Aber damit noch nicht genug! Hat der junge Wolf diese Lektion gelernt, müssen die Antworten auf die gegebenen Signale auch ernst gemeint sein. Ein junger Wolf kann nicht Unterwerfung zeigen und damit seine Achtung dem „Anderen" gegenüber signalisieren, im nächsten Augenblick jedoch Respektlosigkeit erkennen lassen. Hier wird dann vom erwachsenen Artgenossen mit Nachdruck Respekt gefordert, bis der kleine Wolf angemessen und mit gebührender, ernst gemeinter Achtung reagiert. (siehe soziale Lernschritte zweiter Schritt, Seite 67).

Je reibungsloser und schneller das Zusammenspiel von gefordertem Respekt und gezeigter Achtung verläuft, desto stabiler ist die soziale Organisation in diesem gewachsenen Familienverband, dem Rudel. Damit werden Energien nicht unnötig für familiäre Auseinandersetzungen verschwendet. Sie können viel mehr für andere lebenswichtige Aktivitäten verwendet werden.

Wenn diese Voraussetzungen – jedes Familienmitglied hat seinen Platz in seiner Gemeinschaft gefunden, fühlt sich dabei wohl und kann die anderen Familienmitglieder respektieren und achten – erfüllt sind, wird der Familienverband als „Ganzes" funktionieren und eine hohe Überlebenschance haben.

Ein so in sich gefestigtes Rudel zeigt unter den Familienmitgliedern „Loyalität" und die Bereitschaft zu gegenseitigen Konzessionen. (nach BIBIKOW) Die einzelnen Familienmitglieder sind gleich gut ernährt. Die gezeigten Aggressionen beschränken sich in der Regel auf Drohgesten, es sei denn, ein Familienmitglied möchte die Stellung eines im Rang höher stehenden Rudelangehörigen einnehmen und versucht, sich diese Position zu erkämpfen oder ein Familienmitglied ist in dem Verband nicht mehr erwünscht und wird verstoßen.

Die Größe der Rudel variiert zwischen 5 bis 11 Tieren (beobachtet in der ehemaligen UdSSR) und bis zu 26 Tieren (beobachtet in Alaska). Die Zahl der Tiere in einem Rudel kann vom Nahrungsangebot und von der Größe der Beutetiere abhängen. Meistens jedoch wird die Rudelgröße durch die gegenseitige soziale Duldung in der entsprechenden Lebensgemeinschaft bestimmt. Die *sozialen Beziehungen der einzelnen Tiere* innerhalb der Gruppe bestimmen also vorwiegend die Anzahl der Tiere in einem Rudel.

Wie reguliert ein gewachsenes Rudel die Zahl seiner Mitglieder, wenn der Grenzwert des Rudels erreicht worden ist? Nach ZIMEN (in BIBIKOW) verlässt ein Teil der rangniedrigen Tiere das Rudel, wobei die Rüden von selbst abwandern, während die rangniedrigen Wölfinnen von der Alpha-Wölfin vertrieben werden. Diese nun nicht mehr territorial gebundenen Wölfe können sich zu einer losen Gemeinschaft – der „Sammelgruppe" – zusammenschließen oder sie leben zunächst als Einzelgänger.

Die Chancen zu überleben sind bei diesen Tieren aus verschiedenen Gründen weitaus geringer: Die Jagd nach Beutetieren verspricht alleine weniger Erfolg als in einer fest aufeinander eingespielten Jagdgemeinschaft. Ebenso scheint ein wichtiger Faktor zu fehlen, der offensichtlich zum Überleben eines

so hoch entwickelten sozialen Tieres, wie der Wolf es ist, gehört: Das sind die vielfältigen, sensibel aufeinander abgestimmten sozialen Kontakte, die im intrafamiliären Umgang die persönlichen Beziehungen der einzelnen Mitglieder bestätigen und festigen. Der Mangel an diesen individuellen, vertrauten Beziehungen ist vermutlich auch der Grund dafür, dass sich häufig diese ausgestoßenen und vertriebenen Tiere nicht mehr fortpflanzen.

DAS RUDEL ALS SAMMELGRUPPE ▶
Eine Sammelgruppe besteht also aus Tieren, die in verschiedenen Rudeln aufgewachsen sind und zumeist in ihrer Familie eine rangniedrige Position eingenommen haben. Beim Zusammenschluss zu einer Sammelgruppe werden die früher gelernten familiären Ausdrucksformen überlagert von Verhaltensweisen, die Vorsicht, Macht und Misstrauen ausdrücken. Die einzelnen

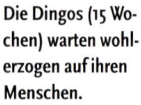

Die Dingos (15 Wochen) warten wohlerzogen auf ihren Menschen.

Auch der rangniedrige Dingo 3 (5 Jahre) darf jetzt in der Gruppe sitzen.

Er genießt seine Sonderstellung!

Mitglieder haben sich erst als erwachsene Tiere kennengelernt. Das bedeutet, dass sie sich untereinander nicht sehr gut kennen. So erklärt sich auch, dass Konflikte innerhalb der Gemeinschaft eher über körperliche Auseinandersetzungen gelöst werden als über fein aufeinander abgestimmte Gesten, die körperliche Berührungen verhindern und somit Verletzungen ausschließen. In seltenen Fällen kann sich eine Sammelgruppe im sozialen Bereich so festigen, dass sie von einem gewachsenen Rudel nur schwer zu unterscheiden ist. Meistens bleiben ihre Mitglieder in losen Verbindungen bestehen oder die Gruppe löst sich wieder auf. Den einzelnen Mitgliedern fehlt die soziale Gebundenheit und die damit verbundene Vertrautheit.

Von Krusinskij u. a. wurden Versuche mit zwei Wolfsgruppen gemacht, die ich hier kurz beschreiben möchte. Diese Versuche unterstreichen die Bedeutung der gewachsenen, sozialen Beziehungen, die dem einzelnen Mitglied eines Rudels Geborgenheit, Vertrauen und Sicherheit schenken. (BIBIKOW)

Gruppe I bestand aus einer zweijährigen Wölfin und fünf fremden Welpen, die ihr im Alter von drei Wochen zur weiteren Aufzucht überlassen wurden. Die Wölfin betreute die Welpen so, als seien sie ihre eigenen. Wir können hier von einem „gewachsenen" Rudel sprechen, obgleich ein männlicher, erwachsener Wolf fehlt. Offensichtlich genügt aber zum Erlernen der sozialen Ordnung nach BIBIKOW die Mutter des Rudels. In dieser Versuchsgruppe war es eine Ersatzmutter, welche die Aufgaben einer leiblichen Mutter erfolgreich übernommen hatte.

Gruppe II setzte sich zusammen aus drei gemeinsam aufgewachsenen Wölfen, einem vorjährigen Wolf sowie einer allein aufgewachsenen Wölfin, die drei Jahre jünger war als die gemeinsam aufgewachsenen Wolfsrüden. Wir können bei dieser Zusammensetzung der Tiere von einer „Sammelgruppe" sprechen.

Die Beobachtungen begannen erst, als das jüngste Mitglied der Gruppe in die Geschlechtsreife kam. „Der Test bestand darin, dass die Wölfe ihre Nahrungsration für mehrere Tage in Form eines geteilten Rindes erhielten, die sie selbst untereinander aufteilten. Insgesamt wurden in 153 Versuchen 27.843 Aktionen registriert." (BIBIKOW) Das Ergebnis dieser Verhaltensbeobachtungen:

▶ Der Wert für den Aggressivitätskoeffizienten lag in Gruppe II konstant höher als in Gruppe I.

▶ Trotz der hohen Zahl von Kontakten in Gruppe I gab es keine Verletzungen. In Gruppe II waren Verletzungen an der Tagesordnung.

▶ Die Auseinandersetzungen in Gruppe I waren hoch ritualisiert bei begrenzt hohem Aggressivitätsniveau.

▶ Die Auseinandersetzungen in Gruppe II waren wenig ritualisiert bei hohem Aggressivitätsniveau.

▶ Die Nahrungsaufnahme in Gruppe I war konstant. Die Tiere fraßen bis sie satt waren und kümmerten sich in gesättigtem Zustand nicht mehr um die Beute. Jedes Gruppenmitglied erhielt eine gewisse Futterration. Das führte dazu, dass alle Tiere normal ernährt waren und keinerlei Verletzungen aufwiesen.

▶ Die Nahrungsaufnahme in Gruppe II sah ganz anders aus. Hier fraßen die dominanten Tiere sich satt und ließen die hungrigen, rangniedrigen Wölfe nicht an die Beute heran. Auch nach der Sättigung wurden die rangniedrigen Tiere mehrere Stunden bis zu einem ganzen Tag nicht an das verfügbare Futter gelassen, sie wurden verjagt. Das führte dazu, dass die dominanten Tiere übernormal gut genährt, die rangniedrigen Wölfe dagegen abgemagert und mit Kratzern bedeckt waren.

Das gleiche Phänomen konnte ich bei meinen vier Dingogeschwistern beobachten. Die Tiere lebten wie die Wölfe bis zur siebzehnten Lebenswoche bei mir und wurden von meinen erwachsenen Hunden „erzogen". Später lebten sie ohne Elterntiere oder andere erwachsene Artgenossen zusammen in einem ca. 3000 qm großen Gehege. Mit dem Beginn der Geschlechtsreife fiel die früher so auffallende Friedfertigkeit der Dingos weg. Die Hündin wurde im Alter von etwa neun Monaten läufig. Bereits zwei Monate vorher bahnten sich häufig harte, intensive

Kämpfe an. Zwei Brüder gegen einen! Dieser wurde so zugerichtet und „verprügelt", dass er immer verängstigter wurde. Gab es Futter, ließen die überlegenen Brüder ihn nicht dazukommen. Im Gegenteil: Sie bewachten die Beute provokativ. Dies führte dazu, dass der attackierte Dingo sich weder an das Futter wagte noch, falls ein Futterbrocken in seiner Nähe lag, er sich getraute zu fressen. Er zog sich zurück und nahm sein Schicksal, das mit Sicherheit zum Tode geführt hätte, auf sich. Der Betreuer musste sich ausgefeilte Tricks einfallen lassen, damit der resignierende Dingo zumindest nicht verhungerte. In Freiheit hätte sich dieser Prügelknabe normalerweise von seinen Geschwistern getrennt. Vielleicht haben aber auch in dieser Gemeinschaft die erwachsenen Tiere gefehlt, mit deren Autorität sich die soziale Ordnung eher über die Körpersprache mit Drohgesten geregelt hätte als über diese harten Kämpfe, die den „Prügelknaben" psychisch so belasteten, dass er sich nicht mehr wagte zu fressen. Die vier Geschwister regelten die Ordnung in ihrer Gemeinschaft eher wie in einer Sammelgruppe und nicht wie in einem familiären Verband.

Die Hündin wurde von einem der überlegenen Rüden gedeckt. Es kam auch zur Geburt, aber die Welpen überlebten nicht. Sie wurden im Alter von drei Wochen tot aufgefunden.

Die drei Rüden wurden etwa im Alter von einem Jahr kastriert, um weitere Würfe zu verhindern. Damit wurden die Tiere wesentlich friedfertiger. Es spielte sich im Laufe des zweiten Lebensjahres eine fest gefügte soziale Ordnung ein. Auch die beiden starken Brüder blieben nicht gleichberechtigt.

Es entstand eine klare Hierarchie unter den Brüdern. Die Hündin, die unkastriert blieb, steht in dieser Gemeinschaft etwas außerhalb. Sie hält sich zurück und beschränkt sich auf wenig soziale Kontakte.

Die vier Dingos waren in ihrer Persönlichkeit sehr unterschiedlich. Deshalb war es für mich sehr interessant zu erfahren, wie die vier Geschwister die soziale Ordnung regelten.

Die Persönlichkeiten der vier Dingos im Welpenalter:

Dingo 1: Groß und kräftig, sehr eifrig, interessiert, schnell lernend und aktiv. Sehr kontaktfreudig mit mir.

Dingo 2: Groß und kräftig, eher phlegmatisch, bequem. Sehr kontaktfreudig mit mir, wenn er Lust dazu hatte.

Dingo 3: Klein und zierlich gebaut, obgleich sehr gut genährt. Etwas zurückhaltend, vorsichtig. Sehr lernfreudig und eifrig, aktiv. Sehr kontaktfreudig mit mir.

Dingo 4 (Hündin): Ebenso schmal und zierlich wie Dingo 3. Zurückhaltend, vorsichtig, eher scheu. Wenig aktiv. Die Kontaktfreude zu mir hielt sich in Grenzen. Sie hatte keine Probleme, aber sie suchte meine Nähe nicht.

Die Lebensgemeinschaft der vier Dingos ist jetzt fest geregelt, Kämpfe fanden seit dem Ende des zweiten Lebensjahres fast keine mehr statt.

Dingo 1: In der Ordnung der Erste

Dingo 2: In der Ordnung der Zweite

Dingo 3: In der Ordnung der Letzte. Seit die Ordnung fest geregelt ist, wirkt er ausgeglichen. Jetzt wagt er sich, das Futter zu holen und im Verborgenen zu fressen.

Dingo 4: In der Ordnung nicht deutlich einzureihen, da sie sich aus allem heraushält.

Komme ich zu Besuch, so findet die Begrüßung in folgender Reihenfolge statt: Zuerst Dingo 1 und Dingo 2, dann kommt die Hündin (Dingo 4) wie immer etwas zurückhaltend, aber sie ist immer bei den beiden Brüdern. Der „Prügelknabe" (Dingo 3) kann nur grüßen, wenn die anderen es nicht mitbekommen.

Die Dingos sind jetzt fünf Jahre alt. Bei meinem letzten Besuch machte ich folgenden Versuch:

Ich ließ alle vier Dingos sitzen und sie mussten bleiben (was sie bei mir in den ersten Lebensmonaten gelernt hatten, haben sie bis jetzt nicht vergessen!) Dingo 3 saß wie immer zwei Meter entfernt. Jetzt ging ich zu ihm, streichelte ihn und nahm ihn in die Gemeinschaft seiner Geschwister mit hinein. Damit hatte ich die Barriere gebrochen. Solange ich mich im Gehege aufhielt, durfte er an meiner Seite bleiben. Die Brüder wagten nicht, etwas dagegen zu unternehmen und Dingo 3 genoss offensichtlich seine Sonderstellung.

Zusammenfassung

Wir können also feststellen, dass die Mitglieder in einem gewachsenen Rudel in ihrer Position und ihren gegenseitigen persönlichen Bindungen zueinander gefestigt sind. Die Ordnung ist in dem Rudel geregelt und „Unstimmigkeiten" werden fast ausschließlich über die Körpersprache, also mit Drohgesten beigelegt. Dabei können auch einmal kleine Respektlosigkeiten – menschlich ausgedrückt – übersehen werden. Ein gewachsenes Rudel funktioniert als Einheit. Die innere Stabilität führt zu erfolgreichen Überlebenstaktiken und sichert damit das Leben des einzelnen.

Die Mitglieder der Sammelgruppe sind dagegen nur lose miteinander verbunden. In der Regel handelt es sich um Mitglieder, die sich aus verschiedenen Gründen nicht in ihrem Familienverband integrieren wollten oder nicht integriert wurden. Damit sind auch die Erfahrungen, die jeder einzelne in der Jugendzeit machte, sehr unterschiedlich. Dies alles sind Umstände, die das Leben in der Gruppe und den Gruppenzusammenhalt erschweren. Trotzdem konnte in einigen Fällen beobachtet werden, dass Sammelgruppen ähnliche Stabilität erreichten wie ein gewachsenes Rudel. Wesentlich häufiger allerdings geschah es, dass diese losen Gruppenzusammenschlüsse nur für einige Zeit zusammen blieben und später wieder auseinanderfielen.

Da die einzelnen Wölfe oder die aus der Wolfsfamilie verstoßenen Tiere sich erst im Erwachsenenalter zusammenschließen, ist es auch zu verstehen, dass die Aggressionsbereitschaft innerhalb der Gruppe im Vergleich zu einem gewachsenen Rudel wesentlich höher ist. Dies führt dazu, dass interne Unstimmigkeiten mit Kämpfen statt mit Drohgesten beigelegt werden.

Die Geschwistergruppe der Dingos, die ab der siebzehnten Lebenswoche ohne erwachsene Artgenossen sich selbst überlassen war, verhielt sich wie Wölfe in einer Sammelgruppe.

Zur sozialen Organisation in der Hund-Mensch-Gemeinschaft

Zur sozialen Organisation in der Hund-Mensch-Gemeinschaft

Aus den vorhergehenden Kapiteln ist deutlich geworden, dass sich ein Hund, der mit dem Menschen zusammenlebt, in zwei verschiedenen Lebensbereichen zurechtfinden muss: Er muss die soziale Ordnung, die in einer Hundegemeinschaft gefordert ist, erlernen und ebenso die soziale Ordnung in einer Menschengemeinschaft. Erschwerend kommt hinzu, dass er diese Aufgaben auch noch zu einem bestimmten, genetisch vorgegebenen Zeitpunkt, nämlich im Stadium der Eroberung der Umwelt, bewältigen muss.

Werden Welpen beim Züchter liebevoll großgezogen, so fällt im allgemeinen gar nicht auf, dass der Mensch für den kleinen Hund zunächst wenig Vertrauen erweckend ist. Das Problem wird für uns Menschen erst dann deutlich, wenn wir Welpen beobachten, die keine oder ungenügend Gelegenheit erhalten haben, den Menschen als etwas „Positives" zu empfinden.

Die Prägung des Hundes auf den Menschen

Bei unseren Haushunden scheint eine genetische Information mit folgendem Inhalt vorzuliegen: „Großes aufrecht Stehendes oder Großes auf mich Zugehendes" bedeutet Gefahr. Vorsicht bei diesem Reiz! Verhalten auf Flucht einstellen!" Bleibt das „aufrecht Stehende" unbeweglich, so kann der Hund fluchtbereit dieses Objekt beobachten und unter Umständen, falls sich das Objekt nicht rührt, (z.B. ein einzeln stehender Baum), es auch sehr vorsichtig inspizieren. Findet er heraus, dass der Baum für ihn keine Gefahr bedeutet, wird er sich allmählich in einer entsprechenden Situation neutral und psychisch unbeeindruckt verhalten.

Bewegt sich das „Große aufrecht Stehende" aber auf den Welpen zu, so wird dieser in Panik fliehen.

Beispiel *Der Lebensbereich meiner Bearded-Collie-Welpen erweiterte sich im Alter von vier Wochen auf einen großen, übersichtlichen Garten. Die Welpen kannten mich alle wahrlich gut, da sie mit mir zusammenlebten und ich sie pflegte. Trotzdem flohen sie zunächst alle, sobald sie mir in diesem Alter im Garten begegneten. Einige verharrten dann in gemessenem Abstand und beobachteten mich kritisch. Sie hielten sich jedoch auf jeden Fall fluchtbereit, solange ich stehen blieb. Sobald ich mich aber bewegte und in meiner* *vollen Größe auf die verharrenden Welpen zuging, schlug ich sie alle in die Flucht.*

Erst wenn ich mich über meine Stimme zu erkennen gab und mich zusätzlich noch „verkleinerte", kamen sie zögernd auf mich zu. Wenn sie mich schließlich über den Geruch sicher identifiziert hatten, folgte eine stürmische Begrüßung. Jetzt kamen auch die Welpen, die sich vorsichtshalber schon in Sicherheit gebracht hatten.

Es dauerte drei Tage, bis alle Welpen gelernt hatten: „Wenn diese große, aufrecht gehende, nicht sprechende Person unvermittelt im Garten auftaucht und auch noch strammen Schrittes auf uns zugeht, brauchen wir nicht zu fliehen, sondern können sie vertrauensvoll begrüßen."

Dieselben Erfahrungen wurden nun auch bei fremden Personen gemacht. Bis zum 35. Lebenstag hatten sämtliche Welpen gelernt, dass jeder Mensch ein Freund ist. So wurden in Zukunft alle Menschen in meinem Garten vorbehaltlos freudig begrüßt. Die Prägung auf den Menschen war abgeschlossen.

Dieses Beispiel macht sehr deutlich, dass ein Hund für derartige Lernvorgänge offensichtlich nicht nur über die Nase seine Eindrücke sammelt, sondern auch das Auge und das Ohr einsetzt.

Bei einigen Hunderassen konnte ich jedoch feststellen, dass die Welpen bis etwa zur 13. Lebenswoche fremden Personen gegenüber nie zurückhaltend waren. Plötzlich aber veränderten sie sich und verhielten sich Menschen gegenüber wie meine vier Wochen alten Welpen. Sie zeigten Fluchtverhalten, wenn sie Personen wahrnahmen, die auf sie zugingen. Die unvermittelt auftretende Scheu in dieser Situation behielten sie ihr ganzes Leben. Bei manchen Tieren schlug diese verspätete Scheu dem Menschen gegenüber im Laufe der Zeit in Aggression um.

Diese auffälligen Hunde waren, wie alle anderen, optimal aufgezogen worden und zeigten doch ohne negative äußere Einwirkung dieses Fehlverhalten. Hier könnte es sich um ein genetisches Problem handeln. Es scheint, dass in dem Augenblick, in dem die psychische Bewertung erfolgen sollte und das genetisch vorgegebene Feindbild als solches erkannt werden müsste, die vorgegebene Zeit für die Verarbeitung derartiger Eindrücke bereits verstrichen ist. Der Hund kann nur noch wie bei normalen Lernvorgängen trainiert werden. Dieses Lernen wird jedoch dadurch erschwert, dass der Hund jedes Mal bei der Begegnung mit dem Menschen in eine psychisch für ihn unangenehme Situation, nämlich in Angst, verfällt.

Es stimmen hier also der Zeitpunkt der genetisch vorgegebenen Phase, bestimmte Wahrnehmungen zu machen, und der Zeitpunkt der psychischen Bewertung nicht überein. Die Zeiten sind nicht aufeinander abgestimmt, so dass die Prägung auf den Menschen nicht mehr erfolgen kann. Hunde mit dieser „Fehlprogrammierung" verhalten sich dann so wie manche Straßenhunde, die im Welpenalter keine Gelegenheit hatten, Menschen kennen zu lernen.

Die Sozialisation des Hundes mit dem Menschen

Gewöhnlich wechselt ein Welpe im Alter von acht bis zehn Wochen vom „hundlichen" in den menschlichen Lebensbereich. Bis dahin sollte er auf den Menschen geprägt sein und ihm ver-

Hund und Kind: oft eine problematische Situation

trauensvoll und vorbehaltlos begegnen. Jetzt beginnt für den Welpen ein neues, vielfältiges Lernprogramm. Bisher lebte er sehr „hundlich" mit seinen Geschwistern, der Mutter und vielleicht mit anderen in der Gemeinschaft lebenden Artgenossen zusammen.

Jetzt wird er aus seiner Gemeinschaft herausgeholt und in eine menschliche Lebensgemeinschaft hin-

eingesteckt. Würden wir den Welpen fragen, ob ihm das recht ist, so würde er mit Sicherheit das Leben mit seinen Geschwistern einem Dasein mit dem Menschen vorziehen.

Ein Hund muss also lernen, sich einer sozialen Gemeinschaft anzupassen, deren Mitglieder nicht seine Artgenossen sind. Und umgekehrt muss es dem Menschen gelingen, den Hund so in

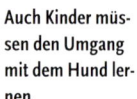

Auch Kinder müssen den Umgang mit dem Hund lernen.

seine Gemeinschaft zu integrieren, dass dieser sich wohl fühlt, seine Würde behält und somit seine Lebensqualität erhalten bleibt.

Dies scheint zunächst eine schwierige Aufgabe für beide, den Menschen wie den Hund, zu sein. Die Aufgabe ist jedoch einfach zu lösen, wenn sich der Mensch die Mühe macht, das Verhalten des Hundes zu beobachten und versucht, es richtig zu interpretieren. Wesentlich dabei ist, dass man lernt, sein eigenes Verhalten auf die Bedürfnisse seines Hundes einzustellen. Es kommt also darauf an, *wie* der Mensch den Welpen in seine Gemeinschaft hineinwachsen lässt.

Ein Hund *möchte* und *muss*, ebenso wie in seiner Hundegemeinschaft, in die soziale Ordnung der menschlichen Gemeinschaft hineinwachsen und mit ihr vertraut werden. Er muss die notwendigen Gesetze begreifen, dann muss er lernen, sie zu respektieren und schließlich muss er sie auch noch einhalten. Auf diese Weise wird sein ausgeprägtes soziales Bedürfnis zufrieden gestellt. Wohlbefinden im sozialen Bereich scheint einem Hund wichtiger zu sein als exquisites Futter.

Das soziale Bedürfnis, das Vertrauen zum Menschen sowie die hohe Lernbereitschaft eines Welpen lassen ihn diese Klippe der Umstellung in den anderen Lebensbereich überwinden. Der neue Besitzer kann viel dazu beitragen, dass der kleine Hund die Hürde, sich den ungewohnten Lebensbedingungen schnell anzupassen, leichter nimmt.

▸ **Die Verständigung über die Körpersprache**

Der Mensch hat einen Welpen übernommen. Jetzt muss er entscheiden, ob er dem kleinen Hund seine Gemeinschaft als „Familienrudel" oder als „Sammelgruppe" anbietet. Möchte er den Hund zu einem echten Familienmitglied heranwachsen lassen, muss er, wie es bei Wölfen, Dingos und Haushunden zu beobachten ist, zur Verständigung die Körpersprache verwenden. Weiterhin muss er anstatt eines Halsbandes ein Brustgeschirr benutzen. Der Grund: Die Halsregion ist sozusagen die psychische „Empfangsstation" für Informationen sowohl mit positivem als auch mit negativem Inhalt. Führen wir einen Hund mit Leine und Halsband und ziehen ihn daran in verschiedene Richtungen oder geben zur Korrektur über die Leine auch noch einen Ruck am Hals, wird er nicht korrigiert, sondern er erhält Fehlinformationen. Der „Ruck" ist für den Hund mit einem Biss am Hals gleich zu setzen. Er fühlt sich stark bedroht und reagiert entsprechend mit ausgeprägter Unterwerfung. Wir Menschen jedoch verhalten uns nicht drohend und reagieren daher auch nicht auf die Unterwerfungsgesten. Dies wiederum irritiert den Hund. Er versteht das menschliche

Ein gut angepasstes Brustgeschirr verhindert viele Missverständnisse.

Das Maß der erforderlichen Distanz muss gefunden werden! Der Mensch steigert die Intensität der Drohgesten. Der Hund reagiert mit entsprechender Unterwerfung.

Verhalten nicht und wird dadurch unsicher. Bei jedem Zug und Ruck am Halsband wird er erneut psychisch belastet. Legen wir dem Hund ein gut angepasstes Brustgeschirr an, so können wir diese ungewollten Missverständnisse problemlos vermeiden.

Die Körpersprache ist leicht zu erlernen, da sie auf einem sehr einfachen Prinzip beruht:

Die Individualdistanz eines jeden Hundes bestimmt das Maß für die Entfernung zwischen Mensch und Hund, in der wir die Körpersprache optimal einsetzen können. Unterschreiten wir diese Distanz, bedrohen wir den Hund. überschreiten wir sie, werden wir für den Hund uninteressant. Wichtig ist, dass wir den optimalen Bereich dieser beiden Pole finden. In diesem Bereich wird der Hund weder das Interesse an uns verlieren noch unterwürfig ausweichen. Er wird uns seine höchste Aufmerksamkeit schenken.

„Sprechen" wir mit der gesamten Erscheinung unseres Körpers, so arbeiten wir gewissermaßen mit der „Grobeinstellung". Wollen wir uns dem Hund jedoch über die Sprache unserer Hände mitteilen, so verwenden wir sozusagen die „Feineinstellung". Selbst-

Die unter Hunden üblichen Gesten werden auch entsprechend im Umgang mit dem Menschen verwendet.

verständlich können wir beide Einstellungen auch kombinieren.

Die „Grobeinstellung": Der Mensch geht auf den Hund zu, der Hund gerät in Anspannung. Der Mensch bleibt stehen, die Anspannung erreicht ihren Höhepunkt. Der Mensch geht vom Hund weg, der Hund kann wieder entspannen.

Die „Feineinstellung": Der Mensch steht und bewegt die Hände mit geöffneten Handflächen auf den Hund zu. Der Hund verharrt in seiner Position. Der Mensch dreht die geöffneten Handflächen in seine eigene Richtung und führt einladende, kleine Bewegungen aus. Der Hund wird zu seinem Menschen kommen.

„Grob"- und „Feineinstellung" gekoppelt: Der Mensch geht seitlich auf den Hund zu und führt dabei seine Hand zur eigenen Brust. Der Hund verfolgt mit den Augen die Handbewegung und wird dadurch in eine neugierige Anspannung versetzt. Der Mensch geht seitlich vom Hund weg, lässt seine erhobene Hand sinken und nimmt die Ausgangsposition wieder ein. Der Hund verliert die Spannung.

Der Einsatz der Körpersprache ermöglicht uns Menschen einen überaus differenzierten und sensiblen Umgang mit dem Hund. Mit den Handbewegungen senden wir für den Hund gut verständliche Signale, welche die Gesamtheit unseres Körpers unterstützen, aber auch die bedrohliche Größe unserer Gestalt in den Hintergrund treten lassen.

Die harmonisch aufeinander abgestimmten Signale des Körpers und der Hände lassen den Hund entsprechend feinfühlig antworten. Fügen wir die einzelnen Bewegungen zu folgender Handlungskette zusammen, so haben wir den Grundstein für die Verständigung zwischen Mensch und Hund gelegt.

1 Ohne Aufmerk-
samkeit keine Kom-
munikation!
2 Die Aufmerksam-
keit wird gegeben,
jedoch steht der
Mensch minimal zu
nah, der Hund fühlt
sich minimal be-
droht ...
3 ... ein Umstim-
mungssignal wird
eingesetzt.

DIE HANDLUNGSKETTE ▶ Möchte der Mensch, dass sein Hund zu ihm herankommt, geht er grundsätzlich von dem Hund weg (Grobeinstellung). Dieser wird auf ihn zukommen, da er die Nähe seines Menschen sucht und ihn nicht verlieren möchte.

▶ Möchte der Mensch, wenn der Hund gekommen ist, dass er anhält, bleibt er dem Hund zugewendet stehen (Grobeinstellung). Der Hund wird ebenfalls stehen bleiben, und zwar mit dem Abstand, der seiner Individualdistanz entspricht.

▶ Möchte der Mensch, dass sein Hund sich setzt, unterschreitet er minimal diese Distanz und führt dabei seine Hand in Brusthöhe (Grob- mit Feineinstellung gekoppelt). Der Hund setzt sich mit neugieriger Erwartungshal-

1 Soll der Hund herankommen, gehen wir rückwärts.

2 Wir bleiben stehen, der Hund hält an und bleibt in hoher Spannung.

3 Die Entspannung erfolgt mit einem kleinen seitlichen Schritt zurück.

4 Hohe Anspannung ist verbunden mit höchster Aufmerksamkeit.

5 Der halbe Schritt zurück löst die Anspannung und schenkt ihm die so wichtige Achtung.

1

2

3

1 „Komm her zu mir!"

2 „Du bleibst!"

3 „Sitzen!" Der Oberkörper wird ein wenig nach vorne geneigt.

4 Die Entspannung, die jeder Anspannung folgen muss.

5 „Leg Dich!"

4

5

Auf das Kommando „Jetzt bist Du frei und darfst wieder Hund sein!" steht er auf.

tung. Diese Spannung löst man mit zwei kleinen Schritten seitlich vom Hund weg. Die damit erreichte Entspannung, die gleichgesetzt werden kann mit dem Schenken der so wichtigen Individualdistanz, zeigt dem Hund die Achtung des Menschen und wirkt daher wie eine Belohnung, die für ihn ausdrückt: „Das hast Du gut gemacht!"

▸ Möchte der Mensch, dass sein Hund, nachdem er sich gesetzt hat, im Sitzen verweilt, baut er die Spannung wieder auf: Er geht minimal auf den Hund zu und bewegt dabei seine Hand in Brusthöhe. Der Hund zeigt hohe Aufmerksamkeit. Der Mensch entspannt wieder und gibt ihm dann das Handzeichen für „Bleiben". Die Handfläche zeigt in Richtung des Hundes (Feineinstellung). Jetzt wartet man

noch ein wenig und entfernt sich dann sehr langsam. Der Hund wird verharrend beobachten. Die Dauer des „Bleibens" muss dem Ausbildungsstand des Hundes sehr sensibel angepasst sein, damit dieser nie ohne Aufforderung von selbst aufsteht. Auf diese Weise wird der Hund zuverlässig lernen, sitzen zu bleiben und dabei immer positiv gestimmt sein.

Das Abmessen zwischen der Anspannung und der Entspannung, zwischen dem „auf den Hund Zugehen" und dem „vom Hund Weggehen", muss mit äußerster Sorgfalt sowie höchster Feinfühligkeit geschehen. Damit wird die Aufmerksamkeit des Hundes, die mit hoher Konzentration verbunden ist, aufgebaut, gehalten und wieder abgebaut.

▶ Die Verständigung über die Stimme

Für uns Menschen ist der Einsatz der Körpersprache etwas ungewohnt, da wir – im Gegensatz zum Hund – zur Verständigung hauptsächlich unsere Stimme verwenden. Der Hund benützt sie in der Regel, um seiner Körpersprache Nachdruck zu verleihen. Wir Menschen verwenden die Körpersprache eher, um das gesprochene Wort zu bekräftigen.

Da der Hund den Anderen beobachten muss, um sich mit ihm zu verständigen, ist er mit diesem immer aktiv verbunden. Diesen Vorteil des aktiven Kontakts können wir Menschen sehr gut im Umgang mit dem Hund ausnützen. Wir verwenden ebenfalls die Körpersprache als Kommunikationsmittel. Das bedeutet aber keinesfalls, dass wir nicht mit unserem Hund sprechen sollen oder dürfen. Das freundliche Wort und die lobende Anerkennung lassen ihn unsere Zuneigung spüren und vermitteln ihm das Gefühl der Zugehörigkeit.

Hat der Hund den Ausdruck unserer Körpersprache verstanden und kann mit den vermittelten Informationen umgehen, fügen wir den Körpergesten die entsprechenden Worte hinzu. Er muss sozusagen seine „Vokabeln" lernen. Wir müssen in bestimmten Situationen Signale über die Stimme setzen können, damit wir in der Lage sind, den Hund, wenn er zu weit von uns entfernt ist, zu rufen.

Weiterhin hat die Stimme besonders dann hohe Wertigkeit, wenn wir unserer Autorität – über die Körpersprache bereits gesetzt – zusätzlich Nachdruck verleihen müssen. Dieser Fall tritt häufig dann ein, wenn der Hund im

menschlichen Lebensbereich Vertrauen und Sicherheit gefunden hat. Er fühlt sich wohl und möchte seine Position in der Familie genau festlegen oder festgelegt bekommen. Das ist der Zeitpunkt, an dem er versuchen wird, seine Grenzen auszutesten. Ist er z.B. mit etwas besonders Interessantem beschäftigt, wird er unsere Kontaktaufnahme ignorieren. Das ist eine Situation, in der wir zur Verständigung unsere Stimme gebrauchen müssen. Da der Hund unter Ablenkung auf unsere Körpersprache nicht mehr reagiert, verleihen wir unserer Autorität über die Stimme deutlichen Nachdruck. Wir gebrauchen sie als „Knurrstimme". Verweigert der Hund trotzdem die Aufmerksamkeit, unterschreiten wir mit einem schnellen Schritt seine Individualdistanz. Wir verhalten uns damit sehr bedrohlich. Er wird reagieren und den Kontakt mit uns aufnehmen. Als Antwort geben wir ihm wieder seine Distanz zurück und verhalten uns wie immer.

Wir gebrauchen unsere laute Stimme also dann, wenn der Hund uns nicht sehen kann und wir über das Rufen den Kontakt zu ihm herstellen müssen. Wir benützen unsere „Knurrstimme" nur dann, wenn der Hund uns nicht sehen will, weil ihm anderes wichtiger ist. Respektiert der Hund unser „Knurren", wird er unter jeder noch so großen Ablenkung ansprechbar sein und mit der Stimme problemlos in jeder Situation geführt werden können.

▶ Die Festigung und Anerkennung der Autorität

Wenn ein Welpe sich in der menschlichen Lebensgemeinschaft wie ein Mitglied in einem Familienrudel fühlen soll, hängt es davon ab:

ob wir bereit sind, unseren Hund in unsere Familiengemeinschaft und unser Leben mit „einzuschließen" und ihn nicht in Zwingern oder anderen Verwahrungsstätten „auszuschließen",

ob wir bereit sind, statt eines Halsbandes ein Brustgeschirr zu verwenden,

ob wir bereit sind, so wie es bei allen in sozialen Verbänden lebenden Tieren üblich ist, die Individualdistanz des Hundes zu beachten und zu respektieren,

ob wir bereit sind, vorwiegend die Körpersprache zur Verständigung zu gebrauchen,

ob wir bereit sind, unsere „Knurrstimme" nur dann zu verwenden, wenn der Hund uns keine Aufmerksamkeit schenken will,

ob wir bereit sind, unsere Autorität mit entsprechend kontrollierten und dem Hund angepassten Drohgesten zum Ausdruck zu bringen.

> **Die Gesetze der Hunde, die wir Menschen problemlos übernehmen können**

1. Der erwachsene Hund beendet den positiven Körperkontakt → Der Mensch beendet den positiven Körperkontakt.
2. Der erwachsene Hund beendet das Spiel → Der Mensch beendet das Spiel.
3. Der erwachsene Hund beendet die Begrüßung → Der Mensch beendet die Begrüßung.

Ein Welpe muss im Zusammenleben mit dem Menschen genau die gleichen Gesetze lernen wie in einer Hundegemeinschaft. Hatte der kleine Hund Gelegenheit, auf Menschen geprägt worden zu sein, so ist der Mensch ebenso wie der erwachsene Hund von vorne

Zwei in einem Familienrudel lebende, spielende Hunde. Wer ist der Überlegene?

3

4

5

Der Überlegene beendet das Spiel!

Die Situation nach der Beendigung eines Spiels, einer Begrüßung oder eines positiven Kontaktes.

Um diese positiven, sozialen Kontakte zu beenden, verwendet der erwachsene Hund die Umstimmungssignale oder die Drohgesten:

▸ Zunächst dreht er den Kopf zur Seite (Umstimmungssignal) und reagiert auf die gezeigte Zuwendung nicht mehr. Der Welpe versteht und lässt den Kontakt.

▸ Hilft das nicht, wird der erwachsene Hund starr, knurrt und/oder zeigt die Zähne (Drohgeste).

▸ Hilft auch das nicht, steigert er sein Drohverhalten und schnappt nach dem Welpen, ohne ihn zu berühren.

▸ Hilft das auch nicht, verwendet er die äußerste Drohgeste. Er springt blitzschnell auf den Welpen, greift ihn am Hals (natürlich ohne zu beißen) und hält ihn absolut ruhig. Wehrt sich der Welpe, greift der erwachsene Hund fester und verharrt wiederum absolut ruhig. Es gibt kein Schütteln am Genick. Das würde den Welpen zum Kampf herausfordern, denn er würde um sein Leben bangen. Der erwachse-

herein eine Autorität. Wir müssen nur darauf achten, diese Autorität nicht durch falsches Verhalten zu untergraben oder in Misstrauen umzuwandeln. Das bedeutet: Wir müssen mit den Gesetzen der Hunde, welche die Autorität kennzeichnen, bestens vertraut sein, damit die Welpen sie entsprechend lernen können.

ne Hund möchte mit diesem Halten am Hals aber gerade den Kampf vermeiden. Der Welpe soll absolut ruhig liegen und so lange in dieser Stellung verharren, bis der Respekt Fordernde sich entsprechend weit entfernt hat.

Diese „Erziehungsmaßnahme" macht folgendes deutlich: Dauer und Intensität der positiven Zuwendung bestimmt der erwachsene Hund. Der Welpe hat dies absolut zu respektieren. Er muss lernen, Respekt und Achtung mit entsprechenden Unterwerfungsgesten deutlich auszudrücken.

Beim Hund geht es also ausschließlich um Anerkennung und Festigung der Autorität des Überlegenen. Hat ein

Hund dies gelernt, sprechen wir von einem „gut sozialisierten" Hund. Genügt diese Forderung auch im Zusammenleben des Hundes in der menschlichen Gemeinschaft?

Erste Begegnung: Gut sozialisierte Hunde regeln ihre Position über die Körpersprache.

Nachkontrolle: Ist die Unterwerfung ernst gemeint?

▶ **Die Anwendung der Sozialisierungsprozesse in der Mensch-Hund-Gemeinschaft**

Ein Welpe, der in den menschlichen Lebensbereich kommt, kennt dort zunächst keine Grenzen. Er muss sie – wie es auch unter seinen Artgenossen üblich ist – im Zusammenleben mit dem Menschen erst erlernen.

Wir Menschen sind jetzt mit den Gesetzen vertraut, die für die Anerkennung der Autorität gelten. Mit etwas Einfühlungsvermögen können wir diese Regeln ohne Schwierigkeiten übernehmen.

Um Mißverständnissen von Mensch zu Mensch vorzubeugen, möchte ich noch einmal deutlich klar stellen: Es ist völlig falsch zu glauben, nur der überlegene Hund bestimmt, ob positive Zuwendung gestattet ist, ein Spiel stattfindet oder gegrüßt werden darf. Es ist fast die Regel, dass der unterlegene Hund mit diesen Verhaltensweisen als erster den Kontakt zum Überlegenen aufnimmt. Ein dominanter Hund lässt diese Handlungen durchaus gerne zu und antwortet auch positiv darauf. Es ist jedoch von außerordentlicher Bedeutung, dass der Überlegene die positive Zuwendung, das Spiel oder die Begrüßung beendet. Mit der Beendigung der eben genannten Verhaltensweisen bestimmt der überlegene Hund eindeutig Dauer und Intensität dieser positiven Handlungen. Auch wir sollten uns über jede positive Zuwendung unseres Hundes freuen und sie erwidern. Wir sollten sie nicht, wie das oft vor allem bei der Begrüßung geraten wird, von vornherein unterbinden. Grüßt uns der Hund, so muss er notgedrungen an uns hochspringen, denn er möchte nach Hundeart unsere „Lefzen" lecken.

„Knurren" wir ihn zu Beginn der Begrüßung sogleich mit einem „Lass' das!" oder „Pfui ist das!" an, so verhalten wir uns für den Hund sehr enttäuschend, ja geradezu asozial. Er kann nicht verstehen, warum wir so „unhöflich" sind. Das Hochspringen der Hunde zur Begrüßung ist vergleichbar mit einem herzlichen, menschlichen Händeschütteln.

Ist uns dieses Anspringen unangenehm, so können wir den Hund liebevoll mit den Vorderläufen wieder auf den Boden stellen, ihn streicheln und ihm als Ersatz ein Spielzeug geben. Das wird der Hund positiv annehmen und allmählich des Anspringen lassen, weil er sich auf das Spielzeug freut. Negativ in dieser Situation einzuwirken ist vollkommen unnötig und zerstört das Vertrauen.

Beispiel *Welpen wissen nicht, wie fest sie beispielsweise während des Spieles in die Hände beißen dürfen, wie lange und ob sie überhaupt zur Begrüßung hochspringen oder wie heftig sie an den Hosenbeinen ziehen dürfen. Wir greifen uns als Beispiel das Beißen mit Zerren am Hosenbein heraus. Zunächst verhalten wir uns ganz ruhig und „knurren": „Hör auf damit!" Reagiert der Welpe darauf und hört auf, gehen wir einen Schritt von ihm weg und signalisieren ihm auf diese Weise: „Es ist in Ordnung!"*

Springt er gleich wieder ans Hosenbein, hat er das Beenden seines Spieles nicht ernst gemeint. Jetzt verwenden wir unsere „Knurrstimme" und die äußerste Drohgeste. Wir fassen den Welpen mit einer Hand an der Kehle und mit der anderen am Nacken. Wir halten absolut still und warten, bis der kleine Hund ruhig wird, aufhört zu beißen und auch nicht mehr ver-

Drohgesten des Menschen: Starres frontales Stehen und frontal auf den Hund zugehen.

sucht, sich unserem Griff zu entziehen. Ganz langsam lösen wir den Griff und verharren. So wie es uns der erwachsene Hund gezeigt hat, gehen wir langsam vom Welpen weg. Bleibt dieser ruhig, so hat er unsere Drohgeste verstanden. Wir warten eine Weile und rufen ihn dann zu uns.

Jetzt allerdings dürfen wir ihn nicht überschwänglich loben, denn das würde ihn dazu animieren, erneut in das Hosenbein zu beißen. Im Gegenteil: Wir halten uns für eine Weile distanziert und kümmern uns nicht um ihn, damit der Welpe das Setzen unserer Autorität nicht in Frage stellt. Weiterhin müssen wir aufpassen, dass er auch später nicht mehr in das Hosenbein beißt. Hat er unsere Lektion verstanden, wird er in Zukunft auf unsere „Knurrstimme" reagieren und uns respektieren. Im Allgemeinen brauchen wir nur ein einziges Mal die äußerste Drohgeste anzuwenden und der Hund wird künftig

Die Reaktion auf diese Geste

unsere Drohung, die wir über die Körperhaltung (starres Stehen) und/oder die „Knurrstimme" setzen, annehmen und respektieren.

DIE DROHGESTEN DES MENSCHEN FÜR DEN HUND ▶

▸ Starres Stehen.

Der Hund reagiert fein abgestimmt mit Gesten der Unterwerfung auf diese bedrohliche Haltung.

▸ Schnelle Bewegung frontal auf den Hund zu, sowohl mit den Händen als auch mit dem gesamten Körper.

▸ Äußerste Drohgeste: Eine Hand greift unterhalb des Kinnes den Hals des Hundes, die andere Hand gibt, ohne in das Fell zu fassen, den Gegendruck im Nacken. Wir halten absolut still, bis der Hund seine Spannung von selbst löst. Sind wir unruhig am Hals, greifen ständig nach oder schütteln ihn am Ende noch, beginnen wir einen Kampf. Wir verhalten uns, als seien wir mit dem Hund im Rang gleich. Damit würde sich entscheiden, wer körperlich der Stärkere ist, aber nicht, wer der Überlegene ist. Das hatten wir mit unserer Maßnahme gewiss nicht vor! Überlegenheit und damit verbundene Autorität drückt psychische Stabilität und innere Ausgeglichenheit aus.

▸ Allen Drohgesten können wir, wenn es die Situation erfordert, die Stimme hinzufügen. Wir verleihen unserem Verhalten damit noch mehr Nachdruck.

Auf die äußerste Drohgeste, die der Hund über regungsloses Liegenbleiben beantwortet, müssen wir unbedingt eine Kontrolle folgen lassen. Wir müssen prüfen, ob der Hund unsere Autorität wirklich anerkennt und seine gezeigte Unterwerfung ernst gemeint hat. Deshalb gehen wir zwei Schritte seitlich vom Hund weg, um ihm seine Individualdistanz als Zeichen unserer Achtung zu geben und warten. Der Hund verhält sich ruhig. Wir entfernen uns noch ein paar Schritte und rufen ihn zu uns. Kommt er schnell, setzt sich vor uns und schenkt uns seine volle Aufmerksamkeit, wissen wir, dass seine gezeigte Unterwerfung ernst gemeint

1, 2 Die äußerste
Drohgeste
3, 4 Die Nachkon-
trolle: Der Hund ist
entspannt und auf-
merksam.

war. Wir verhalten uns noch eine Weile neutral und beachten ihn nicht. Damit können wir kontrollieren, ob der Hund auch verstanden hat, die korrigierte Handlung zu unterlassen. Testet er unsere Konsequenz, wird er sein vorheriges Verhalten wiederholen. Dann allerdings müssen wir erneut zur äußersten Drohgeste mit anschließender Überprüfung greifen.

Beispiel *Ein Hundefreund wollte seinem Dackel klar machen, dass er das Stuhlbein nicht anknabbern solle. Deshalb geht er vorschriftsmäßig zu dem Tier, ist freundlich und spricht es an. Der Hund schenkt ihm kurz seine Aufmerksamkeit und fährt mit dem Knabbern fort. Jetzt bekommt er den Auftrag sich zu setzen. Der kleine Dackel ignoriert das und kaut weiter. Sein Mensch fasst unter das Kinn und hält ihn*

fest (äußerste Drohgeste). Der Hund
wehrt sich kurz, zeigt dann aber ausge-
prägte Gesten der Unterwerfung und wird
ruhig. Wie es sich gehört, lässt sein Mensch
ihn langsam los, entfernt sich mit den übli-
chen zwei seitlichen Schritten und wartet
(Überprüfung, ob die Unterwerfung ernst
gemeint ist). Der Hund verharrt ruhig.
Jetzt entfernt sich der Mensch erneut ein
paar Schritte und ruft den Hund zu sich.
Dieser gehorcht. Hoch erfreut über seinen
Hund, der jetzt wieder so „brav" ist, lobt er
ihn überschwänglich und streichelt ihn.
Daraufhin geht der Dackel erneut zu sei-
nem Stuhlbein und knabbert wieder. Der
Mensch versucht zu korrigieren. Der
Dackel jedoch wird ungehalten und be-
ginnt ihn anzubellen. Sein Mensch wirkt
hilflos und sagt sich: „Na ja! Der Stuhl ist
nicht so wertvoll!" Aus diesem inkonse-
quenten Verhalten des Menschen ent-
wickelte sich ein unangenehmes Problem.
Jedes Mal, wenn der Mensch seinen Dackel
korrigierte, reagierte dieser von nun an mit
provokativem Bellen.

In diesem Fall verhielt sich der Mensch
zunächst geradezu vorbildlich. Er ver-
spielte jedoch am Ende dieser Auseinan-
dersetzung seine Autorität und verwirrte
den kleinen Hund. Statt ihn nach der
Korrektur unbeachtet zu lassen, lobte
und streichelte er ihn übermäßig. Vielleicht tat es ihm leid, das Tier so streng
korrigiert zu haben, denn schließlich
hatte sich der Hund seinem Menschen
nach der Korrektur ja so zugänglich gezeigt. In solchen Situationen denken wir
zu sehr „menschlich": Wir empfinden
diese freundliche Zuwendung des Hundes geradezu als eine Entschuldigung.
Für den Hund wiederum ist die menschliche, unvermittelte Freude nicht zu verstehen. Unter seinen Artgenossen wür-

de er es nämlich nie erleben, nach einer
intensiven Zurechtweisung vom Überlegenen sofort wieder mit körperlicher Zuwendung angesprochen zu werden. Daher konnte der kleine Dackel jetzt auch
das Verhalten seines Menschen nicht
einordnen. Er erkannte die Unsicherheit
und den damit verbundenen Autoritäts-
verlust seines Menschen und nützte ihn
zu seinem Vorteil aus.

Verwenden wir zur Korrektur eines
unerwünschten Verhaltens Drohgesten
und setzen sie erfolgreich ein, wird uns
der Hund über sein Verhalten zeigen,
dass er uns verstanden hat. Wir müssen sehr bedacht das Ergebnis unserer
Maßnahme überprüfen: Der Hund
muss die Anerkennung unsere Autorität ernst meinen. Wir unsererseits
dürfen sie im nächsten Augenblick
nicht mit falschem Verhalten selbst in
Frage stellen.

Ist es uns gelungen, die Grundlage
für die Anerkennung unserer Autorität
zu legen, wird der Hund unsere Überlegenheit bald als etwas Selbstverständ-
liches ansehen.

Wir Menschen haben gelernt, mit
den unter Hunden angewandten Gesetzen umzugehen. Auch der Welpe hat
seine Grenzen in der menschlichen Gemeinschaft kennen gelernt und wird
sich, kommt er in seine „Rüpelzeit",
über unsere „Knurrstimme" in seine
Grenzen verweisen lassen.

Mit Körperkraft und Körpergewalt
werden wir unseren Hund nur verängstigen oder aggressiv machen. Wir werden aber nie ein harmonisches Familienmitglied bekommen, sondern lediglich ein Sammelgruppenmitglied, da
wir uns auf dem Niveau einer „Sammelgruppe" befinden mit der Maßgabe:
Die Ranghohen sind die „Befehlsha-

ber", die Rangniedrigen haben zu „kuschen". Tun sie das nicht oder zu wenig, werden sie entweder kurz mit Drohgesten gewarnt oder aber sogleich körperlich angegriffen.

Die Autorität ist im Fall der Sammelgruppe, wie bei den Wölfen beobachtet, nicht über das Vertrauen gewachsen. Das konnte auch nicht geschehen, da sich die Wölfe erst als erwachsene Tiere kennen lernten und jeder bereits seine eigene Persönlichkeit entwickelt hatte. In Freiheit können sich die unterdrückten Wölfe wieder aus der Sammelgruppe entfernen. Für den Hund in einer menschlichen Gemeinschaft ist das jedoch zumeist nicht möglich. Der Hund entwickelt sich entweder zu einem verängstigten, submissiven Mitglied in dieser Lebensgemeinschaft, das sich nichts zutraut, nie selbstständig wird, nie wegläuft und immer untertänig an der Seite des Menschen klebt. Oder er entwickelt sich zu einem ständigen „Kämpfer", der immer wieder versucht, innerhalb und/oder auch außerhalb der Familie die Rangordnung dem Menschen gegenüber in Frage zu stellen.

Ich glaube allerdings, dass sich mancher Hundebesitzer gar nicht darüber im klaren ist, was vom Hund als Gewalt empfunden wird. Wir Menschen haben auf Grund von Beobachtungen verstanden, dass in einem „hundlichen" Familienverband die soziale Ordnung über Drohgesten gelehrt und geregelt wird. Es ist uns klar geworden, dass die höchst selten angewandte, äußerste Drohgeste die einzige Geste ist, die den Anderen berührt, um ihn ruhig zu halten, bis er keinen Widerstand mehr leistet. Jetzt verstehen wir auch, warum der Hund negative Einwirkungen auf seinen Körper als

Gewalt empfindet, die ihn zu Handlungen zwingen und gegen die er sich nicht wehren kann.

Zu den negativen, körperlichen Einwirkungen gehören vor allem:

▸ Das Schütteln am Genick, das immer wieder propagiert wird, weil das die Hundemutter angeblich auch so mache. Schütteln gehört zum Beuteverhalten eines Hundes und ist keine soziale Handlung. Schüttelt ein Hund seinen Artgenossen, um ihn zurecht zu weisen, verhält er sich falsch. Im Spiel allerdings sehen wir vor allen Dingen bei jungen Hunden ein gegenseitiges Schütteln. Hierbei wird Jagdverhalten simuliert, aber kein Sozialverhalten geübt.

▸ Der leider übliche Ruck am Halsband, mit dem man versucht, einem Hund das langsame Gehen an der Leine beizubringen. Ich frage mich immer, warum der Mensch an der Methode des Leinenrucks nicht zweifelt, wenn sein Hund nach Wochen, Monaten und Jahren immer noch zieht und offensichtlich nicht verstanden hat, dass er an der Leine auch unter Ablenkung nicht ziehen soll. Der Ruck am Hals scheint also nicht zum gewünschten Erfolg zu führen. Da der Mensch nicht versteht, warum er das Ziel nicht erreicht – jeder Zug oder Ruck nach hinten erzeugt als Gegenreaktion einen entsprechenden Zug nach vorne – greift er zu stärker wirkenden Maßnahmen und bedient sich zweifelhafter Hilfsmittel, die den empfindlichen Hals des Hundes noch kräftiger verletzen sollen. Dazu gehören unter anderem der Würger, das Stachelhalsband, die Moxonleine, das Halti oder die mit Strom arbeitenden Teletakt- und Innotecgeräte. Diese den Hund körperlich quälenden und psychisch zerstörenden Erziehungsmaßnahmen können durchaus zum „Erfolg" führen. Den Preis dafür zahlt jedoch der Hund. Er sieht nach außen zwar noch wie ein Hund aus, innerlich jedoch ist er gebrochen und in seiner Persönlichkeit zerstört. Die meisten Menschen wollen ihren Hund mit Sicherheit nicht quälen, tun dies aber doch, da sie über das Verhalten der Hunde zu wenig wissen und aus dieser Unkenntnis heraus zu den ungeeigneten Hilfsmitteln greifen.

▸ Das prophylaktische „Auf-den-Rücken-Drehen" eines Welpen. Dieses führt man mit der Begründung aus, es handle sich hierbei um eine Unterlegenheitsgeste, die der Welpe dem Menschen gegenüber erlernen müsse. Es wird sogar vorgeschlagen, diese Maßnahme mehrmals am Tage bei „dominanten" Welpen durchzuführen. Wie bereits dargelegt, zeigt ein Welpe, wenn er sich auf den Rücken legt, die äußerste Unterwerfung auf ausgeprägtes, drohendes Verhalten des erwachsenen Hundes. Es handelt sich hier aber immer um eine intrafamiliäre Geste, deren Grundlage hohes Vertrauen ist. Ein erwachsener Hund wandelt häufig diese Unterwerfung ausdrückende Geste zu einer Begrüßungsgeste um. Sie wird dann allerdings nur bei den Artgenossen verwendet, die er im Welpenalter kennen gelernt hat und aus diesem Grund zu den Familienmitgliedern

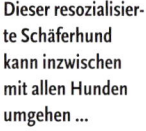

Dieser resozialisierte Schäferhund kann inzwischen mit allen Hunden umgehen ...

zählt. Es scheint ohnehin sehr frag-
würdig, einen Welpen als „dominant"
zu bezeichnen. Ein Welpe kann frech,
draufgängerisch, rüpelhaft und pro-
vokant sein, aber sicher nicht dominant. Dazu ist er noch gar nicht in der
Lage, denn Dominanz kennzeichnet
Autorität, die mit innerer Stärke und
psychischer Stabilität verbunden ist.
Und noch ein Argument, vielleicht das
wichtigste, soll den Unsinn dieser
sadistischen Maßnahme charakteri-
sieren. Der Anlass für die Verwendung
dieser Geste ist ein ausgeprägtes Drohverhalten des erwachsenen Hundes.
Der Welpe legt sich auf den Rücken,
um dem Anderen seinen Respekt zu
signalisieren. Es handelt sich hier um
eine Interaktion, die als Antwort auf
einen Reiz erfolgt und einen hohen
psychischen Wert hat. Wirft nun ein
Mensch seinen Welpen auf den
Rücken, um ihn diese Unterwerfungsgeste zu lehren, so ist das ungefähr so,
als würde bei dieser Interaktion der
„Reiz" die „Antwort" gleich selbst geben. Damit ist es keine Abstimmung
auf einen psychischen Vorgang, sondern ein übler Überfall auf den kleinen Welpen, der gar nicht weiß, wie
ihm geschieht. Kein psychisch gesunder Hund wird drohen oder sich unter-
werfen, wenn der entsprechende Anlass fehlt.

Glauben wir Menschen wirklich,
dass wir psychische Abläufe ohne entsprechende Zusammenhänge lehren
können? Ich halte dieses prophylaktische „Auf-den-Rücken-Drehen"
eines Welpen für ein unreflektiertes
Interpretieren von Hundeverhalten,
das ein rücksichtsloses „Macho-Verhal-
ten" des Menschen dem Hund gegenüber offenbart. Es ist schlicht und einfach eine Vergewaltigung des Hundes
unter dem Deckmantel wissenschaft-
licher Interpretation und somit Tierquälerei.

Die Resozialisation eines erwachsenen Hundes

Ein Hund, der nicht auf den Menschen
geprägt wurde, ist nur scheinbar zu
resozialisieren. So ein Tier wird sich
notgedrungen einem Menschen
anschließen, aber bei jedem Kontakt
mit anderen Personen immer wieder
in seine Ängste zurückfallen und
Fluchtbereitschaft zeigen. Diese Hunde
neigen dann oft zu Aggressionen,
wenn sich keine Fluchtmöglichkeiten
bieten.

Beispiel *Ein isoliert aufgezogener Hund
wurde im Alter von fünf Monaten teuer
verkauft. In den ersten 14 Tagen schien der
Hund in seinem neuen Lebensraum wie
erstarrt. Er wagte sich nicht zu bewegen.
Allmählich löste sich dieses starre Verhalten. Jetzt begann er vor allem Angst zu
zeigen. Sah er einen Menschen, flüchtete
er in Panik. Mehrmals musste er wieder
eingefangen werden. Der sehr geschickten
Hundebesitzerin gelang es, so viel Vertrau-
en aufzubauen, dass er lernte, in diesen
Angst auslösenden Situationen wenigstens
zu ihr zu flüchten und bei ihr Schutz zu
suchen. Ob sich der Hund mit diesen
ständigen Ängsten je wirklich wohl fühlte,
werden wir nicht beantworten können.
Mir scheint ein solches Leben eher traurig
zu sein. Besonders deshalb, weil der Züchter das Tier bewusst isoliert groß gezogen
hatte, in der irrigen Meinung, der Hund
würde sich dann ausschließlich seiner
Person anschließen. Als er bemerkte, dass
das nicht der Fall war, verkaufte er das
Tier.*

... und kann bedenkenlos die Nähe des Kindes ertragen.

Es gibt unzählige Hunde, die in der entsprechenden Zeit sehr wohl auf den Menschen geprägt wurden, in ihrer Ausbildung jedoch mit häufigen negativen Körpereinwirkungen „erzogen" oder entsprechend für einen „Beruf" ausgebildet worden sind. Die Hunde jedoch können Autorität, die über Angst gesetzt wird, nicht positiv verwerten. Sie werden häufig handlungsunfähig, verhalten sich passiv oder schlagen ins Gegenteil um und zeigen sich ohne entsprechenden Anlass oft übersteigert aggressiv. Anstatt sich Gedanken darüber zu machen, warum sie dann in ihrem Beruf nicht funktionieren, schiebt man sie ab und entledigt sich ihrer.

Beispiel *Ein Schäferund wurde mit drei Jahren an eine unbedarfte Familie verkauft. Der Grund dafür war, dass es zwar ein wunderbares, sehr gehorsames Tier sei, aber plötzliche Ängstlichkeiten zeige, die mit dem „Beruf" des Hundes nicht zu vereinbaren seien. Der Hund war mit ausgeprägter Härte „erzogen" worden. Er zeigte sich dem Menschen gegenüber außerordentlich unterwürfig. Dieses Verhalten war wohl der Grund, ihn als „brav" zu bezeichnen.*

Die Familie freute sich und war stolz darauf, so einen schönen „braven" Hausgenossen erworben zu haben. Jedoch, die Freude hielt nicht lange an! Der Hund war seinen Artgenossen gegenüber äußerst aggressiv. Als es unglücklicherweise zu einer Rauferei mit einem etwas kleineren Hund kam, biss er diesen gnadenlos tot.

Daraufhin suchte die Familie Rat. Sie gab sich unendliche Mühe, die Ratschläge wirklich anzunehmen und zu befolgen. Die vorgeschlagene Therapie wurde konsequent Schritt für Schritt durchgeführt und durchgehalten. Der wichtigste Punkt dabei war, die Autorität so zu setzen, dass sie der Hund aus Überzeugung annahm und nicht aus Angst. Da er jedoch diese Art des Umgangs nicht kannte, legte er das für ihn ungewohnte Verhalten als Schwäche aus und sah darin eine Chance, seinen Menschen nun seinerseits deutliche Dominanz zu zeigen. Jetzt wurde er ernsthaft gefährlich. Es hatte bereits zwei Beißvorfälle gegeben. Das ist im allgemeinen der Zeitpunkt, an dem entschieden wird, so ein aggressives Tier einzuschläfern.

Die Familie stand jedoch zu ihrem schwierigen „Familienmitglied". Sie war sich ihrer übergroßen Verantwortung bewusst und verhielt sich entsprechend aufmerksam und vorsichtig. Mit viel Einfühlungsvermögen arbeitete sie daran, das

Vertrauen des Hundes zu festigen und den Respekt vor dem Menschen zu stabilisieren. Um das zu erreichen, unterließ sie jegliche negative Körpereinwirkung. Statt eines Halsbandes erhielt er ein Brustgeschirr, um den für den Hund so missverständlichen „Biss" am Hals zu vermeiden. Der Hund wurde mit viel Ruhe und ausgeprägter Konsequenz behandelt. Was gefordert war, musste auch ausgeführt werden. Hing der Hund z.B. aggressiv bellend in der Leine, wartete man ohne ihn zu schimpfen und ohne beruhigend auf ihn einzuwirken, solange absolut ruhig, bis er seine Attacken von selbst unterließ und sich setzte. Dann schenkte man ihm seine Individualdistanz und lief mit deutlichen Schritten und ebenso bestimmt gegebenen Hörzeichen in verschiedene Richtungen. Hatte er sich wieder im Griff und war ansprechbar, ging man mit ihm weiter, als sei nichts geschehen.

Es dauerte etwa neun Monate bis dieser Hund resozialisiert war. Er hatte gelernt, mit dem Menschen umzugehen. Er hatte wieder Vertrauen zum Menschen gewonnen. Jetzt erst konnte diese Familie erkennen, was dieser Hund für ein feinsinniges, überaus zugängliches und freundliches Tier war.

Auch der Umgang mit seinen Artgenossen verbesserte sich zusehends. Er lernte mit dem Anderen vorsichtiger zu kommunizieren, statt wahllos anzugreifen. Die Ängste, die der Grund für die Abgabe des Hundes waren, zeigte er nicht mehr. Er hatte sich zu einem wirklich beeindruckenden Freund des Menschen entwickelt und durfte sich damit endlich wieder wie ein „Hund" fühlen und in entsprechender Freiheit leben.

Es war gelungen, diesen Hund die versäumte Junghundentwicklung im sozialen Bereich nachholen zu lassen. Er lernte

▶ Zusammenfassung

Die Integration des Hundes in die menschliche Lebensgemeinschaft hängt von seiner Prägung auf den Menschen ab. Sie muss in einer bestimmten, genetisch festgesetzten Zeit erfolgen.

Zur Verständigung dient die Körpersprache, die auf dem gleichen Prinzip beruht wie dies von Hunden bekannt ist. Die Signale werden mit dem gesamten Körper und/oder mit der Bewegung der Hände gegeben. Die Stimme wird zur Bekräftigung der Körpersprache eingesetzt und zur Kontaktaufnahme, wenn der Hund außer Sicht ist.

Die Individualdistanz gibt das Maß an, wann sich ein Hund bedroht und wann er sich respektiert fühlt. In diesem Bereich zeigt er die höchste Aufmerksamkeit und ist am besten ansprechbar.

Die Kenntnis der unter Hunden üblichen Gesetze, welche die Ordnung in einer Hundegemeinschaft regeln, gibt dem Menschen die Möglichkeit, in der gleichen Weise zu verfahren. Dabei werden negative, körperliche Einwirkungen zur Korrektur eines unerwünschten Verhaltens unterlassen und stattdessen ausschließlich Drohgesten eingesetzt.

Die Autorität des Menschen wächst über das Vertrauen und festigt sich über deutliche Konsequenz, die klare Grenzen im Umgang mit dem Hund setzt.

Die Resozialisation kann sehr erfolgreich geschehen, wenn es gelingt, das Vertrauen des Hundes zurück zu gewinnen und die Anerkennung der Autorität wieder zu erreichen.

die notwendigen Umgangsformen und konnte sich zu einer ausgeglichenen, souveränen, friedlichen Persönlichkeit entwickeln. Die Voraussetzung dafür jedoch war, dass die Prägung auf den Menschen zum richtigen Zeitpunkt erfolgt war. Seine Menschen mussten Vernunft, absolute Konsequenz, Geduld und vor allen Dingen viel Liebe einsetzen, um das Leben dieses zunächst falsch behandelten Tieres erhalten zu können.

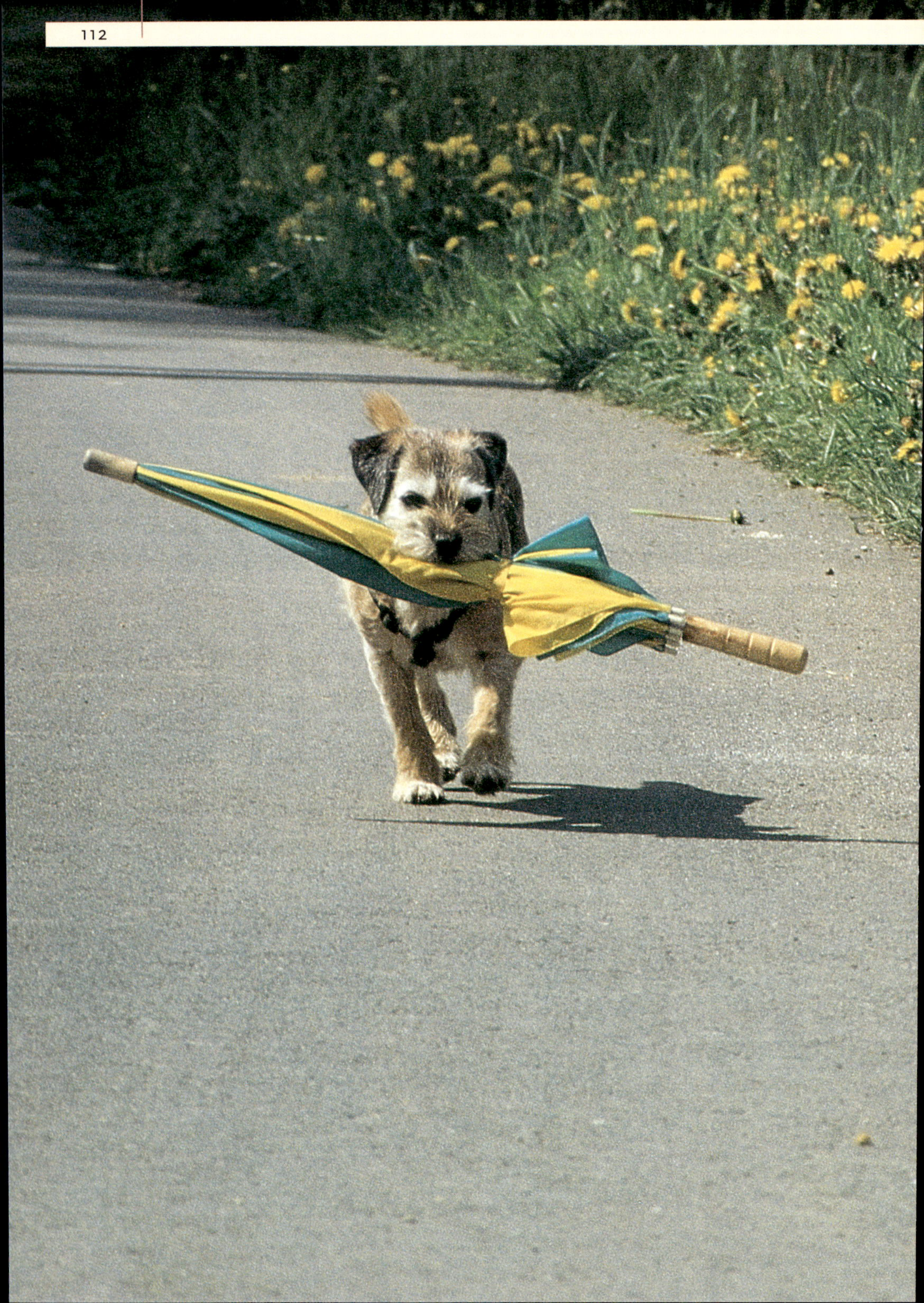

Zur Beschäftigung des Menschen mit dem Hund

Unsere Entscheidung ist gefallen: Wir wollen unseren Hund als „echtes" Familienmitglied in unsere Lebensgemeinschaft hineinwachsen lassen. Wir werden ihn also nicht mit Einwirkungen über das Halsband führen und damit der ständigen, äußersten Drohgeste ausliefern. Auch werden wir den Hund nicht über negative Körpereinwirkungen zu Handlungen zwingen.

Unser Stil bei der „Erziehung" des Hundes ist: seine Persönlichkeit zu achten, seine Fähigkeiten zu fördern und das Lehrprogramm so zu gestalten, dass der Hund dazu bereit ist, die erforderlichen Handlungen auch dann auszuführen, wenn sie ihm keinen großen Spaß machen.

Die Voraussetzung hierfür ist das psychische Wohlbefinden unseres Hundes. Dieses wiederum ist nur dann gegeben, wenn der Hund mit uns Menschen gut sozialisiert ist. Er zeigt Vertrauen und kennt seine Grenzen. Psychische Ausgeglichenheit, verbunden mit Unbefangenheit und Sicherheit, führen zu ausgeprägter Lernbereitschaft. So kann ein weniger begabter Hund sehr gute Leistungen und ein begabter Hund Höchstleistungen erzielen.

Beispiel *Meine Schäferhündin, die als Rettungshund ausgebildet worden war, wurde am späten Abend zum Einsatz gerufen. Eine Frau hatte einen Abschiedsbrief hinterlassen und war in den Wald gegangen, um sich das Leben zu nehmen. Ihre Familienangehörigen suchten zunächst nach ihr und fanden im Wald einen Platz, an dem sie sich mit Sicherheit aufgehalten hatte. Die Familie ging in ihrer Suche jetzt von diesem Ort gezielt in verschiedene Richtungen. Sie kam aber*

1 Die Dame mit den gelben Stiefeln verliert ihren Schal.

2 Beim Verlassen dieses Ortes entstehen vier Fährten.

3 Der Hund identifiziert über den Geruch des Schals die richtige Fährte ...

4 ... und findet die gesuchte Person.

nicht zum Erfolg. Nun holte man Hilfe über Polizei und Rettungshunde. Es war Winter und sehr kalt – für die Frau bestand also höchste Lebensgefahr.

Meine Hündin durchsuchte die genannte Stelle im Wald genau und nahm nach einiger Zeit eine Fährte auf, die sie konzentriert und zielstrebig verfolgte. Ich war sehr skeptisch, ob der Hund die richtige Fährte aufgenommen hatte. Es hatten bereits zu viele Personen von dieser Stelle aus gesucht. Daher schien es mir fast unmöglich für den Hund zu sein, unter den vielen Spuren die richtige herauszufiltern.

Nach etwa zwei Kilometern fand man die Frau unterkühlt mit Erfrierungen, aber lebend auf dem von meinem Hund eingeschlagenen Weg. Er war nur noch wenige Meter von ihr entfernt.

Ich war sprachlos und zugleich stolz auf meinen Hund. Woher wusste er, welche Fährte er verfolgen sollte? Dieses Erlebnis bereicherte seitdem mein Rettungshundeausbildungs-Programm. So werden inzwischen geeignete Hunde gezielt dazu ausgebildet, Fährten zu identifizieren. Eine schwierige, verantwortungsvolle Aufgabe zum Wohle des Menschen.

Rufen wir uns noch einmal die beiden günstigsten Arten zu lernen ins Gedächtnis:

DIE KLASSISCHE FORM DES LERNENS:
Ein Hund lernt über „ja" oder „nein". Der Reiz ist positiv, also wendet der Hund sich ihm zu. Der Reiz ist negativ, also wendet der Hund sich von ihm ab.

Das bedeutet: Ein beliebiger Reiz aus der Umwelt, der für den Hund normalerweise ohne Bedeutung ist, bekommt über bestimmte Lernvorgänge positive beziehungsweise negative Bedeutung.

Beispiel *In diesen Bereich gehört das „Klickertraining". Über das Knacken eines „Knackfrosches" wird ein Hund klassisch konditioniert. Der Trainer wirft seinem Hund ein Leckerchen hin und wartet, bis dieser es gefressen hat. Holt das Tier dieses Futter schnell und zielstrebig, so fügt der Trainer vor dem Fallen des Leckerchens immer ein Geräusch hinzu. In unserem Fall eben das Knacken eines „Knackfrosches". Zunächst lernt der Hund: „Knackgeräusch bedeutet Leckerchen finden!" Nach mehreren Übungen verbindet er: „Knackgeräusch ist gleich Leckerchen!" Allmählich lässt man das Futter weg. Das Knackgeräusch wird nach einer Handlung eingesetzt und bekommt die Bedeutung einer Belohnung.*

Das Ziel dieses Trainings: Über das Knacken möchte man dem Hund mitteilen: „Das hast du gut gemacht" und ihn positiv verstärken. Das Knacken soll sozusagen ein gesprochenes Lob sein und das Leckerchen ersetzen. Führt der Hund eine Handlung aus, die nicht gewünscht ist, gibt es kein Knacken. Somit wird er auch nicht positiv bestätigt. Die nicht gewünschte Handlung des Hundes wird also nicht negativ bewertet, sondern lediglich ignoriert. Der Trainer hofft, dass der Hund all-

mählich immer gezielter die positiv bestätigte Handlung ausführt.

Was bei dieser Art der Ausbildung fehlt, ist die Beziehung des Hundes zu seinem Menschen, denn das Training soll vollkommen unabhängig von der Person sein, die knackt. Da unsere Hunde aber so ein ausgeprägtes soziales Verhalten zeigen, ist diese Art des Trainings sicher effektiv, jedoch dem sozialen Bedürfnis des Hundes nicht sehr entgegenkommend.

DIE OPERANTE FORM DES LERNENS ▶
Die andere Form des Lernens scheint komplizierter als die eben besprochene. Ihr großer Vorteil besteht jedoch darin, dass sie die gegenseitige Beziehung Mensch-Hund intensiv anspricht: Ein Hund lernt ein bestimmtes Verhalten in einer bestimmten Situation durch die Wirkung, die er mit diesem Verhalten auslöst.

Ein Hund zeigt zum Beispiel eine Handlung, die nichts mit der Beziehung zu seinem Menschen zu tun hat. Indem er seinen Menschen genau beobachtet, bemerkt der Hund aber, dass dieser positiv auf seine Handlung reagiert. So „entscheidet" er, diese Handlung zu wiederholen. Dieses Mal nicht für sich, sondern abhängig von der Reaktion seines Menschen. Der Hund führt seine Handlung für die Anerkennung aus, die er von seinem Menschen erhält. In diesen Fällen ist die positive Zuwendung des Menschen, die als Reaktion auf seine Handlung erfolgt, der Grund für die Wiederholung des gezeigten Verhaltens.

Beispiel *Ich stieg im Herbst in einen Apfelbaum, um zu ernten. Meine Jagdhün-*

Der Hund erkennt, dass bestimmtes Verhalten seinem Menschen gefällt ...

din, die mit mir überaus eng verbunden war, folgte mir auf diesen Baum nach. Sie kletterte hoch, um in meiner Nähe zu sein. Dies tat sie für ihr eigenes Bedürfnis. Zunächst erstaunt und schließlich hoch erfreut reagierte ich auf diese Handlung positiv. Die Hündin erkannte, dass mir ihr außergewöhnliches Verhalten sehr gut gefiel. Daraufhin kletterte sie auch ohne Anlass hoch und wartete stolz auf meine positive Antwort. Sie wiederholte also freiwillig eine Handlung in freudiger Erwartungshaltung. Allmählich erweiterte sie ihre Handlungsfreude und kletterte auf jeden Jägerhochsitz. Das wiederum bereitete mir manchmal Probleme, da sie sich oft in einer Höhe befand, aus der sie nicht wieder von selbst herunter kam.

In unseren Übungen mit dem Hund sind wir sehr darauf bedacht, immer die Motivation so zu setzen, dass der Hund eine Handlung gerne ausführt und sie möglichst von sich aus wiederholt. Dazu zählen vor allen Dingen die

... und wiederholt es aus eigenem Antrieb.

Übungen, für die er ursprünglich wenig oder keine Motivation hat. Es ist für uns Menschen nicht ganz einfach, einen Hund zu aktiven Handlungen zu bewegen, wenn der Antrieb dazu fehlt. Hierbei hilft uns das ausgeprägte soziale Verhalten des Hundes, das ihn eng an uns bindet und mit tiefem Vertrauen erfüllt. Von menschlicher Seite hilft uns bei diesen notwendigen Lernprozessen die genaue Kenntnis und die richtige Interpretation von den Verhaltensweisen, die Hunde untereinander zeigen und zu ihrer Verständigung verwenden. Wenn wir unseren Hund trainieren, werden wir mit viel Feingefühl und hoher Sensibilität das gewünschte Verhalten entwickeln und formen.

Unsere Hilfsmittel dazu sind:

▸ Ein passendes Brustgeschirr mit einem Rückenstück und einem verstellbaren Bruststück, das gekreuzt ist. Über die Verstellbarkeit wird der Druck auf das Brustbein verhindert. Über die gekreuzten Bänder erhält das Geschirr einen besseren Sitz, weil es an der Brust nicht mehr so hin- und herrutschen kann.

▸ Eine drei Meter lange Lederleine. In einigen Fällen ist in der „Pubertät" auch eine zehn Meter lange Leine notwendig.

Alle anderen Hilfsmittel sind völlig unnötig, kosten oft viel Geld und erschüttern zumeist tief das Vertrauen vom Hund zum Menschen.

Das Erlernen der grundlegenden Verhaltensformen

Wenn wir unseren Hund beschäftigen wollen, müssen wir immer „zweigleisig" arbeiten. Wir müssen von ihm bestimmte Verhaltensweisen verlangen,

die er von sich aus niemals ausführen würde, z.B. ohne zu ziehen an der Leine laufen, wenn ein anderer Hund zu sehen ist, alleine zu Hause zu bleiben, zu liegen oder zu sitzen und nicht aufzustehen, wenn es gerade etwas Interessantes zu sehen gibt und vieles mehr.

Wir haben aber auch Möglichkeiten, unseren Hund Handlungen zu lehren, für die er von sich aus viel Motivation hat und manchmal sogar übermotiviert ist. Das sind die Verhaltensweisen, die etwas mit der Futterbeschaffung und der Nahrungsaufnahme zu tun haben. Dazu gehört: Beute zu suchen, sie zu finden und sie dann zu einem sicheren Ort zu bringen, um sie in Ruhe fressen zu können.

Mit etwas Geschick können wir häufig beides sehr gut miteinander kombinieren. Wir beschäftigen uns jetzt mit dem Training der Verhaltensabläufe, für die der Hund wenig oder gar keine Motivation hat. Dabei bemühen wir uns immer einen Weg zu finden, der den Hund trotzdem positiv stimmt.

▸ **Das Gehen an der Leine**

Zieht unser Hund an der Leine, so hat er dies schon als Welpe gründlich gelernt: in einer Zeit also, in der es uns Menschen nicht aufgefallen ist, da kein „Leidensdruck" vorhanden war. So ein kleiner Hund hat noch nicht so viel Kraft, dass uns das Halten des Welpen Schwierigkeiten bereiten würde. Ist der Hund ausgewachsen und hat ein entsprechend hohes Gewicht entwickelt, haben wir Probleme, weil wir ihn nicht mehr oder nur noch schwer mit der Leine zurückhalten können. Bei jeder Ablenkung, z.B. einem anderen Hund, einem Jogger, einem Reh oder auch nur einem interessanten Geruch, hängt er ziehend in der Leine und kämpft um sein Ziel.

Beispiel *Viele Jahre hatte ich vier sehr aktive, lebensfrohe Hunde. Diese Lebensfreude äußerte sich besonders stark beim Spaziergang, wenn die Tiere Wild sahen. Das veranlasste mich, sie an der Leine zu führen. Damit erlitt ich leider Schiffbruch, denn spitzte nur ein Hund die Ohren, sprangen die anderen schon in die Leine und auf ging's zur Jagd! Die Folge war, dass ich auf den Boden flog und die Hunde nicht mehr halten konnte. Hier musste etwas geschehen, ich musste das Problem lösen. Es blieb mir nichts anderes übrig, als mit jedem Hund einzeln zu trainieren. Also ging ich in eine wildreiche Gegend, hielt den Hund an der Leine und wartete auf eine gute Gelegenheit. Jetzt entdeckten wir ein Reh. Mit Kraft sprang mein Hund in die Leine. Ich hielt ihn fest und tat das Falsche! Ich fasste ihn, hielt ihn und schimpfte wortreich mit lauter Stimme. Da der Hund an der Leine war, musste er meine heftige Zurechtweisung leider erdulden. Mit gewisser Genugtuung erkannte ich, wie unangenehm dem Hund mein Verhalten war. So glaubte ich, dass er das nächste Mal, wenn Wild zu sehen war, nicht mehr in die Leine springen würde. Das war ein Trugschluss! Beim nächsten Mal sprang er wesentlich heftiger in die Leine. Er kämpfte geradezu darum, sich von mir zu befreien. Nach langem Überlegen erkannte ich meinen Denkfehler: Ich nahm an, der Hund werde, um meinem unangenehmen Verhalten zu entgehen, nicht mehr in die Leine springen. Der Hund jedoch verknüpfte: „ Wenn ich ein Reh sehe, muss ich besonders kräftig in die Leine springen, damit ich dem unangenehmen Verhalten meines Menschen möglichst schnell entkomme."*

Jetzt wurde, wie schon in so vielen Fällen, der Hund mein Lehrmeister. Ich verstand! Statt auf das „In die Leine Springen" etwas Unangenehmes folgen zu lassen, musste ich mich für ein positives Verhalten entscheiden. Die Frage war nur, wie das Problem zu lösen sei. Ich entschied mich für folgendes Vorgehen und bin damit sehr erfolgreich geworden:

Springt der Hund in die Leine, ist er für uns Menschen nicht mehr ansprechbar. Alles, was wir tun, versteht der Hund falsch. Beruhigen wir ihn, glaubt er, wir loben ihn. Schimpfen wir ihn, glaubt er, wir feuern ihn zu seiner Handlung an, da wir ebenfalls hohe Spannung erkennen lassen. Fassen wir ihn an, ist ihm dies in so einem Augenblick höchst unangenehm, er wird sich wehren und noch kräftiger versuchen, von uns weg zu kommen. Also bleibt uns nichts anderes übrig, als neben dem Hund zu stehen und ihn einfach nur ganz ruhig festzuhalten und zu schweigen. Er soll möglichst keinen Schritt nach vorne kommen und ebenso nicht in der Leine herumspringen können. (Eine schwierige Aufgabe für uns Menschen, da wir ebenso wie der Hund in einer hohen Spannung sind.) Wir warten also so lange, bis sich der Hund allmählich beruhigt. Genau in diesem Augenblick sprechen wir ihn an mit einem „Wir gehen hier!", und gehen mit schnellen Schritten von ihm weg in die Gegenrichtung. Der Hund wird mitkommen. Tut er es nicht, ist er noch nicht genügend entspannt. Wir müssen noch ein wenig warten. Geht er mit, laufen wir so lange, bis wir erkennen, dass die hohe Anspannung des Hundes abgeklungen und er für uns wieder ansprechbar ist. Jetzt wird er

„königlich" mit etwas ganz besonders Gutem belohnt. Danach gehen wir in die Richtung, aus der die Ablenkung kam. Beginnt der Hund erneut aufgeregt zu werden, kehren wir sofort um und warten, bis er sich wieder für uns interessiert. Er wird wie vorher sehr gut belohnt. Wir sollten jetzt häufiger in einer wildreichen Gegend spazieren gehen, um unser Training zu festigen. Wir müssen allerdings unter allen Umständen verhindern, dass unser Hund je Erfolg hat, Wild zu jagen.

Unser Ziel ist: Der Hund soll in dieser Situation so ritualisiert sein, dass er, sobald er Wild sieht, stehen bleibt, sich einen Moment orientiert und sich dann von selbst uns zuwendet und sich mit dem Ausdruck vor uns setzt: "Jetzt habe ich mir etwas verdient!" Wenn uns das gelungen ist (es gelingt immer, wenn wir entsprechend konsequent und geduldig sind!), wird der Hund sogar zu uns kommen, wenn nur er das Wild gesehen hat. Wir erkennen am Verhalten unseres Hundes erst, dass er wohl ein Reh gesehen haben muss. Seitdem ich verstanden habe, dass mein Verhalten dem Hund gegenüber in der „Wildsituation" falsch war und ich dann einen für den Hund begreifbaren Weg gefunden habe, sind meine Hunde wildrein. Das Training fordert von uns Menschen viel Geduld, äußerste Selbstbeherrschung und überlegtes Handeln. Auch hier werden wir das drangvolle Verhalten des Hundes nur dann in freiwilliges Handeln umlenken können, wenn wir auf negative Körpereinwirkungen verzichten.

Dieses Beispiel lässt erkennen, wie schwierig es für uns Menschen ist, sich in einer so höchst angespannten Situation für den Hund verständlich zu verhalten. Viele Hunde hängen ja nicht nur bei Wild mit dieser hohen Anspannung in der Leine, sondern auch in einer Menge anderer Situationen.

Hängt der Hund in der Leine, bleibt uns Menschen nichts anderes übrig, als uns wie folgt zu verhalten:

Situation 1 Unser Hund hängt in der Leine.

Als erstes hindern wir ihn daran, auch nur einen einzigen Schritt weiter nach vorne zu kommen. Nach einer kurzen Pause fordern wir ihn auf umzukehren. Befolgt er unseren Auftrag, gehen wir so lange in die Gegenrichtung, bis er wieder mit uns verbunden läuft. Dann kehren wir erneut um und gehen in der beabsichtigten Richtung weiter.

Befolgt der Hund unseren Auftrag nicht, dann gehen wir zu ihm und achten peinlich genau darauf, dass ihm kein Schritt in die Richtung gelingt, in die er zieht. Wir gehen im schnellen Schritt vorne um ihn herum mit der Aufforderung: „Wir gehen hier!" und nehmen ihn in die Gegenrichtung mit. Anschließend fügen wir ein paar Richtungswechsel hinzu, die von der Bewegung her sehr deutlich ausgedrückt werden und benützen unsere Stimme, um dem Verhaltensablauf Nachdruck zu verleihen. Wir dürfen unsere Nachkontrolle nicht vergessen! Dabei überprüfen wir, ob der Hund jetzt wirklich mit uns verbunden ist. Dies gelingt uns, wenn wir die Laufgeschwindigkeit mehrmals unerwartet verändern. Das heißt, wir gehen extrem langsam und dann plötzlich wieder schnell. Zusätzlich fügen wir auch noch unvermittelte Richtungswechsel ein. Sind wir erfolgreich, wird der Hund als Zeichen der

Verbundenheit freiwillig sowohl die Richtungswechsel als auch die Laufgeschwindigkeit korrekt mit uns zusammen ausführen. Wenn wir mit dem Ablauf zufrieden sind, beenden wir dieses Training folgendermaßen: Wir bleiben, ohne den Hund darauf vorzubereiten, stehen, der Hund wird ebenfalls anhalten. Jetzt gehen wir ein paar Schritte rückwärts und warten, bis er auf uns zugeht. – Er wird es freiwillig tun! Wir bleiben erneut stehen. Unser Hund wird in dem Abstand anhalten, der seiner Individualdistanz entspricht. Auf diese Weise erhalten wir die Möglichkeit, unsere Achtung zu signalisieren. Wir machen unsere zwei seitlichen Schritte, warten ein wenig und geben ihn dann frei.

Situation 2 Der Hund hängt in der Leine und bellt bereits aggressiv.

Wir gehen an der gespannten Leine zum Hund und stellen uns eng neben ihn. Es sollte ihm kein einziger Schritt nach vorne gelingen!

Dabei halten wir die Leine kurz und zugleich senkrecht nach oben, um zu verhindern, dass der Hund als Gegenreaktion erfolgreich nach vorne zieht. Tut er es trotzdem, wird er nur noch auf den Hinterläufen stehen.

In dieser Situation, die zumeist dann entsteht, wenn ein anderer Hund in Sicht ist, verhalten wir uns absolut ruhig und schweigend, denn der Hund hat uns gerade zum „Hundefesthalter" degradiert. Er ist für den Augenblick nicht ansprechbar, also sparen wir uns auch alle Worte! Noch missverständlicher wäre unser Verhalten für den Hund, wenn wir ihn am Körper fassten, um ihn zurück zu halten. Dabei fühlte er sich bereits von dem Anderen

angegriffen und würde noch heftiger kämpfen, um zu entkommen. Nicht selten beißt er in dieser hohen Erregung seinen eigenen Menschen, um ihn los zu werden.

Beispiel *Ein Hundebesitzer wurde von seinem eigenen dreijährigen Rüden bei jeder Begegnung mit einem fremden Hund kräftig gebissen. Dieses Verhalten entwickelte sich langsam und kam folgendermaßen zustande: Sah der Rüde einen Hund, sprang er aggressiv bellend in die Leine. Daraufhin wurde er von seinem Menschen kräftig zurückgezogen und entsprechend laut zurechtgewiesen. Es fand ein regelrechter Kampf zwischen ihm und seinem Menschen statt, wobei der Hund allmählich herausfand: wenn er seinen Menschen beißt, gelingt es ihm, frei zu kommen und sein Ziel zu erreichen. Nun begann der Hund, sobald er einen Artgenossen erblickte, kläffend in die Leine zu springen, sich umzudrehen, seinen Menschen ordentlich zu beißen, um sich dann wieder der Ablenkung zuzuwenden. Jeder Spaziergang wurde für beide ein „Höllengang". Ganz offensichtlich fühlte sich der Hund jedoch trotz seiner Erfolge überhaupt nicht wohl. Er handelte immer zwanghafter und begann dieses Verhalten auch bei der Begegnung von Menschen und Radfahrern zu zeigen. Er wirkte nervös und sehr unausgeglichen. Um den Rüden wieder zu „normalisieren", bekam er ein Brustgeschirr angelegt. Er durfte nie mehr körperlich fest gehalten und ebenso nie mehr an der Leine zurückgezogen werden. Die Ablenkungen wurden „dosiert", um ihn nicht zu überreizen. Der Hundebesitzer musste lernen, sich zunächst als „Hundefesthalter" degradieren zu lassen und wirklich absolut ruhig und ohne Worte stehen zu bleiben. Das wirkte Wunder, denn der Hund konnte* *das ungewöhnliche Verhalten seines Menschen nicht einordnen. Es fielen das Würgen am Hals und das kräftige Zurückziehen mit der Leine weg und es gab keine aggressive Zurechtweisung seines Menschen mehr. Stattdessen wurde er für ruhiges Verhalten mit seiner Individualdistanz belohnt und erfuhr dabei, dass er geachtet wird. Zusätzlich erhielt er besonders gute Leckerchen.*

Kann ein Hund in einer hohen Anspannung fressen, dürfen wir daraus schließen, dass er nicht wirklich angespannt ist. In großer psychischer Erregung kann nicht gefressen werden. Frisst er also trotzdem, so ist das für uns Menschen ein Zeichen dafür, dass wir die Anspannung nicht ernst zu nehmen brauchen. So können wir entsprechend reagieren.

Um diesen missverständlichen Verhaltungsweisen aus dem Weg zu gehen, haben wir gar keine andere Möglichkeit, als absolut ruhig und standhaft zu warten, bis die Ablenkung vorbei ist und sich der Hund beruhigt hat. Ist die Erregung abgeklungen, wird er sich ohne Aufforderung setzen. Jetzt geben wir ihm, wie immer, seine Individualdistanz und warten kurze Zeit, um zu überprüfen, ob er sich wirklich beruhigt hat.

Hat er sich nicht beruhigt, halten wir ihn nochmals in der eben beschriebenen Art und warten das ruhig werden ab.

Danach führen wir die üblichen Übungen aus. Gehen wir dann in die Richtung, aus der die Ablenkung kam, müssen wir sehr darauf bedacht sein, dass schon der Versuch des Hundes zu ziehen im Keime erstickt wird. Das können wir mit einem schnellen Rich-

tungswechsel bewirken. Wir müssen bereits reagieren, bevor der Hund ins Ziehen kommt.

Auf jede Korrektur von unerwünschtem Verhalten muss die Nachkontrolle folgen. Wir müssen immer nachprüfen, ob der Hund wieder in der Lage ist, uns seine Aufmerksamkeit zu schenken. Wie wollen wir uns verständigen, wenn der Andere keine Bereitschaft dazu zeigt? Jeder Versuch, den Kontakt herzustellen, wird scheitern! Dazu kommt noch, dass der Hund häufig unsere Kontaktabsichten registriert, jedoch noch keine Veranlassung sieht, darauf zu reagieren. Lassen wir uns das bieten und verzichten auf die Kontaktantwort unseres Hundes, verschenken wir unsere Autorität. Das schadet unserem Ansehen.

Das Ziel dieser Vorgehensweise ist: Der Hund muss die Spannung, die er selbst erzeugt hat, auch wieder selbst lösen. Es nützt überhaupt nichts, wenn wir den Hund zurückziehen. Entweder schließt er daraus, dass er noch mehr ziehen muss, weil ihm kleine Erfolge im Vorwärtskommen doch gelungen sind, oder er wartet darauf, dass der Zug am Brustgeschirr ihm mitteilt, anzuhalten oder umzukehren.

Der Hund soll begreifen, dass er aufpassen muss, in welche Richtung und wie schnell sein Mensch läuft. Hat er das verstanden, wird er ihm auch freiwillig folgen und zwar unter jeder Ablenkung! Ein Hund muss zuverlässig neben seinem Menschen laufen können. Einmal zur Sicherheit des Hundes selbst und zum anderen zur Sicherheit und aus Rücksicht unseren Mitmenschen gegenüber.

Auch bei diesen Übungen braucht der Mensch Geduld und absolute Konsequenz. Jede kleine Unaufmerksamkeit muss vermieden werden, denn der Hund wird sie mit einem erneuten Zug an der Leine oder einer kräftigen „Leinenattacke" quittieren. Hunde die, sorgfältig in dieser Art geschult, gelernt haben, korrekt an der Leine zu laufen, werden immer zuverlässig neben ihrem Menschen laufen. Sie werden sich trotz der „eingeengten" Bewegungsfreiheit, wohl fühlen, denn sie haben die Erfahrung gemacht, dass dieses angepasste Laufen nur in einem begrenzten Zeitraum von ihnen verlangt wird. Außerdem wissen sie, dass dieses Laufen immer mit positiver Zuwendung ihres Menschen beendet wird. Eine detaillierte Beschreibung der Leinenführigkeit finden Sie im Buch „Welpentraining" von Gudrun Feltmann.

▸ Das Sitzen

Setzt sich der Hund, befindet er sich in einer Erwartungshaltung. Diese Sitzhaltung können wir über geschicktes Laufen ganz einfach beim Hund auslösen: Wie bereits beschrieben, gehen wir vom Hund zumeist rückwärts weg. Der Hund läuft auf uns zu und wir bleiben stehen. Daraufhin wird der Hund ebenfalls stehen bleiben. Wir haben seine Erwartungshaltung ausgelöst. Diese Anspannung veranlasst den Hund, sich ohne Aufforderung zu setzen.

Jetzt signalisieren wir unserem Hund mit einem seitlichen Schritt zurück sowie einem verbalen Lob, dass uns dieses Verhalten gefällt. Nach einigen Wiederholungen wird der Hund schließlich erkennen, dass es seinem Menschen gefällt, wenn er sich setzt. Also setzt er sich in dieser Situation zukünftig immer. Die Belohnung bzw.

die positive Verstärkung ist der seitliche Schritt zurück. Es folgt das gesprochene Lob und wenn nötig als besondere Anerkennung zusätzlich noch ein Leckerchen!

Was haben wir erreicht? Ein Sitzen und Warten, ohne den Hund angefasst zu haben. Jedes Anfassen des Hundes, das von ihm einen Bewegungsablauf erzwingt, ist naturgegeben äußerst unangenehm. Ein solches Verhalten ist ihm fremd, da Hunde sich untereinander nicht anfassen, um eine Handlung zu fordern. Im Gegenteil, wenn sie z.B. drohen, wollen sie die Reaktion in Distanz sehen. Als Ausnahme gilt die äußerste Drohgeste, welche die ernst gemeinte Unterwerfung auslöst. Wenn wir unseren Hund anfassen, um ihn zum Sitzen zu veranlassen, befinden wir uns schon sehr „nah" an der äußersten Drohgeste. Das allerdings war und ist niemals unsere Absicht.

Für den Hund ist das Herankommen und das „Sich Setzen" eine positive Handlung geworden. Er setzt sich also freiwillig.

Der Hund muss allerdings auch verstehen, dass er nicht ohne Aufforderung aufstehen darf. Jetzt ist wieder unsere Konsequenz gefragt. Wir müssen darauf achten, dass der Hund nie von selbst aufsteht. Versucht er es, gehen wir mit einem kleinen, schnellen Schritt auf ihn zu. Dazu sind wir imstande, da wir über das Einhalten der Individualdistanz einen gewissen Abstand zu ihm haben! Zur Korrektur seines Verhaltens unterschreiten wir also für einen Moment diese Distanz. Im Allgemeinen wird sich der Hund von selbst korrigieren und sich wieder setzen. Wir geben ihm seine Distanz zurück und signalisieren ihm damit unsere Achtung als belohnende Verstärkung für sein einwandfreies Verhalten. Die Sitzübung ist erst beendet, wenn wir dies unserem Hund aktiv mitgeteilt haben. Entweder geben wir ihn wieder frei oder wir fahren mit einer weiteren Übung in unserem Training fort. Lassen wir unsere Hunde selbst entscheiden, wann eine Übung beendet ist, so werden wir niemals in unserer Erziehung erfolgreich sein, da der Hund die positive Zuwendung beendet und uns damit seine Überlegenheit zeigt.

Es kann natürlich auch passieren, dass wir den Zeitpunkt der Korrektur verpasst haben, der Hund bereits wieder aufgestanden ist und das Interesse an uns verloren hat. Jetzt müssen wir wieder von vorne anfangen. Wir versuchen über das Ansprechen des Hundes erneut die Aufmerksamkeit zu erhalten. Schenkt er sie uns, verhalten wir uns, wie ich es eben beschrieben habe. Beschäftigt er sich weiter mit etwas Anderem, nehmen wir seine Leine, gehen neben ihn und sprechen ihn an. Ignoriert er uns immer noch, halten wir die Leine senkrecht nach oben und warten, bis er sich setzt. Sitzt er endlich, dürfen wir nicht ungehalten sein, weil es nicht gleich funktioniert hat. Der Hund bezieht unsere Unfreundlichkeit auf sein Setzen und glaubt, er habe ein falsches Verhalten gezeigt. Wiederholt sich dieses Missverständnis öfter, wird sich der Hund in unserer Nähe nicht mehr gerne setzen. Da das Sitzen aber die gewünschte Handlung war, sind wir sofort freundlich, geben ihm seine Distanz und beenden die Übung so, wie wir grundsätzlich das Ende setzen.

Auch wenn wir uns von unserem sitzenden Hund zum Beispiel zehn Meter entfernt haben und er meint, aufstehen zu müssen, gehen wir mit ein paar schnellen Schritten auf ihn zu. Korrigiert er sich, gehen wir wieder auf unsere ursprüngliche Entfernung zurück. Korrigiert er sich nicht, gehen wir noch näher an ihn heran. Nutzt auch das nichts, gehen wir wieder hinter ihn, rufen ihn zu uns und wiederholen auf diese Weise die gesamte Übung. Erst wenn wir mit dieser Art der Korrektur die gewünschte Handlung nicht erreichen, greifen wir wieder nach der Leine und gehen neben den Hund, um die Leine senkrecht nach oben zu halten und verfahren dann wie oben beschrieben.

Manchmal ist die Entfernung für den Anfang noch etwas zu groß. Also gehen wir bei der Wiederholung nur noch etwa fünf Meter von ihm weg. Unser Prinzip lautet: Wir wollen immer nur so viel von unserem Hund verlangen, dass er imstande ist, das gewünschte Verhalten problemlos auszuführen und wir ihm unser Lob dafür aussprechen können. Übersteigern wir die Übungen, so können wir das, was der Hund gemacht hat, nicht loben und müssen ständig die Fehler korrigieren. Es ist nicht geschickt zu warten, bis sich in die Handlung ein Fehler einschleicht, der notwendigerweise beanstandet werden muss.

Wie oft sehen wir Hunde, die sehr wohl verstanden haben, was „sitzen" heißt, die aber offensichtlich nicht verstanden haben, dass die Dauer des Sitzens von ihren Menschen bestimmt wird. So ein Hund steht immer wieder auf und sein Mensch ist ständig am korrigieren. Irgendwann wird er ungeduldig und Missverständnisse sind vorprogrammiert!

▸ Das Bleiben

Das Bleiben – das Verharren in einer Position – ergibt sich von ganz alleine, wenn wir unsere Sitzübungen korrekt ausführen.

Soll der Hund zu uns kommen, gehen wir grundsätzlich ein wenig zurück. Ist er nahe genug, bleiben wir stehen. Wie wir immer wieder feststellen können, setzt er sich ohne Aufforderung. Er befindet sich in gespannter Erwartungshaltung mit der innerlichen Frage: „Was machen wir jetzt?" Diese Zeit der Spannung dehnen wir langsam aus und entfernen uns allmählich etwas weiter. Wir bleiben wieder eine kurze Weile stehen und gehen dann erneut wie beschrieben zu unserem Hund, schenken ihm seine Distanz und beantworten seine Frage mit dem Körperzeichen für „Jetzt bist du frei!"

Nach ein paar Übungen hat der Hund das „Bleiben" verstanden. Es hängt von unserer Konsequenz ab, ob er zuverlässig an einem Ort verweilt oder nicht. Wie bei jeder Übung wird er austesten, ob er das gelernte Verhalten immer zeigen muss oder nur dann, wenn er Lust dazu hat. Uns Menschen muss dabei deutlich bewusst sein, dass der Hund seine Grenzen genau kennen möchte. Erst dann weiß er, wie er seinen Menschen einschätzen kann. Uns ist es oft nicht ganz klar, ob der Hund seine Übungen noch nicht ganz verstanden hat oder ob er gerade seine Grenzen austestet. Mit viel Einfühlungsvermögen müssen wir nun unsererseits herausfinden, wie der Ausbildungsstand des Hundes ist und wann er nur „testet".

Wenn ein Hund also nicht bleibt, hat er es entweder nicht gelernt oder sein Mensch war inkonsequent. Diese Argumente gelten natürlich auch für das „Sich Legen" und „Liegenbleiben".

▸ Das Hinlegen

Damit komme ich zu der Übung des „Sich Legens" und „Liegenbleibens". Auch hier gilt wieder: Der Hund soll verstehen, dass es uns gefällt, wenn er sich in einer bestimmten Situation hinlegt und liegen bleibt.

Unser Hund hat nun „Sitzen" und „sitzen bleiben" verstanden. Jetzt lassen wir ihn folgende Übung ausführen: Wir haben eine kleine Decke dabei, die er kennt und mag. Wir entfernen uns etwa zwei Meter von ihm, legen die Decke für ihn sichtbar hin und gehen wieder zu unserem Hund zurück. Wir fordern ihn auf, nachzuschauen, was wir hingelegt haben. Freudig wird er zu dieser Decke laufen. Wir gehen ebenfalls mit und stellen uns so, dass er auf der Decke Halt machen muss, wir stellen uns also hinter die Decke. Der Hund wird sich darauf setzen. Wir geben ihm seine Distanz und loben ihn. Warten wir eine Weile und sind ein bisschen uninteressiert, wird er sich legen.

Jetzt können wir ihm wieder freudig deutlich machen, dass uns dieses Verhalten sehr gut gefällt. Er bekommt für den Bewegungsablauf des „Sich Legens" sofort ein Leckerchen, dann erst gehen wir einen kleinen Schritt seitlich zurück.

Nach einer kleinen Pause gehen wir wieder zu ihm, geben ihm nochmals ein Leckerchen, warten bis er gefressen hat und nehmen spielerisch die Decke weg. Diese muss nach jeder Übung aufgehoben werden, da wir sie sonst nicht wieder hinlegen können! Hat der Hund Freude am Zottelspiel, darf er mit der Decke kurz zotteln. Danach wiederholen wir diesen Übungsablauf. Nach wenigen Wiederholungen wird sich unser Hund von selbst auf die Decke legen.

Wie beim Sitzen darf er die Decke nur verlassen, wenn wir ihn dazu auffordern. Wir üben das Bleiben auf der Decke in der gleichen Art wie vorher bei der Übung des Sitzens. Hat der Hund das Liegenbleiben verstanden, wird er – wie bei allen anderen Übungen auch – nach einer gewissen Zeit testen, ob er nicht schon aufstehen und sich entfernen kann, bevor wir ihn dazu auffordern. In diesem Fall zeigen wir unsere Konsequenz und wiederholen die ganze Übung. Das bedeutet, dass wir zuerst die Decke aufheben, ihn zu uns rufen und ihn sich setzen lassen. Wir tragen die Decke weg, gehen zum Hund, warten auf seine Aufmerksamkeit und fordern ihn dann auf, sich auf die Decke zu legen. Bei allen Übungen kommt es darauf an, dass wir die Situationen ritualisieren. Auf diese Weise ist der Hund vorbereitet und kann sich sozusagen von alleine auf unsere Wünsche einstellen. Liegt der Hund auf seiner Decke und verlässt sie wiederum ohne Aufforderung, heben wir die Decke auf, gehen zu ihm, nehmen seine Leine und halten ihn, bis er sitzt. Wir wiederholen die Übung. Im Unterschied zu der vorherigen Korrektur nehmen wir jetzt die Leine in die Hand. Versucht der Hund die Decke zu verlassen, können wir ihn daran hindern, ohne ihn anzufassen. Wir halten die Leine ganz ruhig und warten, bis er wieder liegt. In diesem Fall gehen wir vorerst nicht von ihm weg. Er soll erst erfahren, dass er keinen Erfolg hat, wenn er die Decke verlassen will. Hat

er das verstanden, setzen wir das Training fort. Wir entfernen uns nur ein paar Schritte von ihm. Allmählich steigern wir die Entfernung. Auch hier gilt wieder: Wir versuchen immer das Training so zu steigern, dass der Hund erfolgreich bleiben kann und wir nicht korrigieren müssen, sondern ihn belohnen können.

Würden wir den Hund, um ihn das Legen zu lehren, an den Vorderläufen nach vorne ziehen und auf den Nacken drücken oder andere körperliche Einwirkungen vornehmen, so wie das häufig vorgeschlagen wird, fühlte sich der Hund „überfallen" und würde sich wehren. Auch wenn er über diese Maßnahme das „Sich Legen" erlernte, würde er sich nur legen, um der unangenehmen, körperlichen Einwirkung zu entgehen.

Das Gleiche gilt natürlich auch für die Übung des Sitzens. Jeden Druck auf die Kruppe oder das Hochziehen am Hals des Hundes, um ein Sitzen auszulösen, empfindet der Hund als negative Körpereinwirkung. Er wird versuchen, sich zu wehren, sich aber letztendlich fügen müssen und sich setzen. Psychologisch gesehen führt er die Handlung nur aus, um dem körperlichen „Überfall" zu entkommen, aber sicherlich nicht, weil er in einer positiven Erwartungshaltung ist.

Der Hund – ein überaus scharfer Beobachter – registriert die Körpersprache des Trainers und erkennt schon vorher die beabsichtigte Forderung. Ohne dass uns dies bewusst ist, reagiert er auf die Körpersprache des Menschen und setzt oder legt sich von selbst. Dies tut der Hund, um der Absicht des Menschen, auf ihn körperlich einzuwirken, zu entgehen.

▶ Das Herankommen

Die Übung für das Herankommen schließt sich logisch an unser Training an. Unser Hund sitzt und wartet, wir entfernen uns zunächst wenige Meter von ihm. Später vergrößern wir die Entfernung immer mehr, dann bleiben wir für den Hund deutlich sichtbar ruhig stehen und rufen ihn mit einem Sicht,- und wenn nötig einem Hörzeichen heran. Dabei vergessen wir nicht, langsam etwas rückwärts zu gehen, stehen zu bleiben und zu warten, bis der Hund auch stehen bleibt und sich dann setzt. Es ist überaus wichtig, dass der Hund lernt, immer, wenn er aus einer bestimmten Entfernung zu uns kommt, zunächst anzuhalten, sich von selbst zu setzen und zu warten, bis wir ihm sagen, wie es weitergeht. Lassen wir ihn an uns vorbeilaufen, haben wir über das Rufen zwar Kontakt zum Hund aufgenommen, ihn aber nicht beendet. Wir erinnern uns an die Gesetze, die wir Menschen einhalten sollten, um unsere Autorität nicht zu untergraben. Dazu gehört, dass wir dem „Gespräch" das Ende setzen und nicht der Hund.

Hält sich der Hund in einiger Entfernung auf und wir rufen ihn, muss er immer kommen. Wir bleiben nicht stehen, sondern gehen von ihm weg. Wenn er zielstrebig auf uns zu kommt, genügt es, ein paar Schritte rückwärts zu laufen. Kommt er zögernd oder bleibt uninteressiert, kehren wir ihm den Rücken zu und laufen schnell in die Gegenrichtung. Damit erreichen wir, dass der Hund uns nachkommt, denn er möchte uns nicht verlieren. Ist er in unserer Nähe, machen wir das Ende wie immer: stehen bleiben, warten, bis der Hund sitzt, Schritt seitlich rückwärts, verbal loben und eventuell noch ein Leckerchen geben.

Haben wir den Fall, dass der Hund freudig herankommt, aber zu schnell ist und deshalb an uns vorbei rennt, drehen wir uns um, rufen ihn und gehen in die entgegengesetzte Richtung. Das führen wir so lange durch, bis er seine Geschwindigkeit so reduziert hat, dass er bei uns anhalten kann und sich wie üblich setzt.

Kommt der Hund auf unser Rufen nicht, gehen wir in seine Nähe, bleiben kurz stehen, rufen nochmals und warten seine Reaktion ab. Kommt er wieder nicht, gehen wir ganz zu ihm hin und geben ihm den Auftrag zu sitzen. Daraufhin entfernen wir uns wieder und rufen ihn zu uns. Führt er jetzt den Auftrag aus, ist alles in Ordnung. Wir waren konsequent.

Führt er den Auftrag nicht aus, bleibt uns nichts anderes mehr übrig als ihn anzufassen. Wir haben das Gespräch eröffnet und der Hund gibt uns zur Antwort, dass er jetzt anderes zu tun habe. Soll der Hund uns ernst nehmen, müssen wir handeln. Er reagiert weder auf unsere Nähe noch auf unsere Stimme, deshalb fassen wir ihn mit der flachen Hand unter dem Kinn und heben den Kopf. Wehrt er sich, halten wir ihn mit Bestimmtheit ganz ruhig fest und haben damit zur äußersten Drohgeste gegriffen. Jetzt müssen wir uns auch entsprechend wie ein „Überlegener" verhalten. Wir verharren ganz ruhig und warten, bis er sitzt. Er wird sitzen! Dann zeigen wir uns wie immer, auch wenn wir ärgerlich sind!

Anschließend bekommt er den Auftrag, sitzen zu bleiben. Wir gehen erneut ein Stück von ihm weg, warten kurz, damit er sich auf uns konzentrieren kann, rufen ihn und gehen dann ein paar Mal mit einem deutlich gesprochenen „Wir gehen hier!" in verschiedene Richtungen. Damit überprüfen wir, ob der Hund unsere Autorität „ernst" nimmt. Wir gehen so lange mit diesem strengen Ton und dem energischen Schritt, bis sich der Hund uns zuwendet und wieder mit uns verbunden ist. Dann erst beenden wir diese Übung und entscheiden, ob wir den Hund weiter frei laufen lassen oder lieber an die Leine nehmen.

Die Grundregeln für den Menschen im Umgang mit dem Hund

Bei allen Übungen müssen wir die positiven Interaktionen zwischen dem Hund und uns in den Vordergrund stellen.

▸ Jeder Kontakt, ob vom Hund oder von uns begonnen, muss von uns beendet werden. Nur so kann sich der Hund an uns orientieren und wissen, ob er mit uns im „Dienstgespräch" ist, oder sich frei bewegen und wieder ganz Hund sein darf.

▸ Wir bedrohen den Hund nicht und vermeiden frontales, nahes Stehen.

▸ Wir zwingen den Hund nicht körperlich zu Handlungen.

▸ Wir zeigen dem Hund deutlich, dass wir ihn achten und respektieren.

▸ Wir setzen die Autorität so, dass sie der Hund verstehen und anerkennen kann. Dazu benützen wir unsere Körpersprache und zur Verstärkung die Stimme.

▸ Wir setzen deutliche Grenzen, die konsequent eingehalten werden müssen.

▸ Wir verwenden ausschließlich ein Brustgeschirr statt eines Halsbandes. Unser Ziel bei allen Übungen: Wir ach-

ten stets darauf, den Hund so anzusprechen, dass er uns versteht, das zu Lernende gerne annimmt und bereitwillig ausführt. Die Kunst mit dem Hund zu reden, besteht nicht darin, dass der Hund etwas lernt, sondern wie er es lernt.

Wir Menschen treffen die Entscheidung, wie wir mit dem Hund umgehen, denn der Hund ist uns letztendlich ausgeliefert.

Ebenso tragen wir die Verantwortung für die Methoden, die wir in der Ausbildung des Hundes verwenden. Hier jedoch driftet der Mensch in der Anwendung verschiedener Methoden manchmal in „Ausbildungs-Sackgassen" ab. Diese finden wir vor allen Dingen dann vor, wenn der Hund zu einem physiologisch und psychologisch vollkommen manipulierbaren, lebenden Objekt degradiert und entsprechend behandelt wird.

Denken wir beispielsweise an die jüngst erfundene Tischdressur, die zur Ausbildung von Jagdhunden und ebenso auch von Schutzhunden verwendet wird. Diese Dressur verniedlicht man bei der Jagdhundeausbildung als den „sanften Weg zur Jagdhundeausbildung". Dabei wird der Hund auf einen Tisch gestellt, an dem ein Galgen befestigt ist. Man bindet den Hund mit einem Lederriemen, der unter dem Bauch durchgezogen wird, an diesem Galgen fest. Damit ist der Hund nicht mehr in der Lage, seine Hinterläufe frei zu bewegen. Auch am Hals kann man ihn an diesem Galgen noch festzurren. Dann befestigt man an einem Vorderlauf über dem „Handgelenk" eine Schnur, die um die beiden inneren Zehen gebunden wird. Das Ende dieser Schnur hält der Trainer in der Hand. Er zieht daran, der Hund reagiert mit Schmerz und bekommt ein Apportierholz in den Fang geschoben.

So bringt man dem jungen und ebenso dem erwachsenen Hund unter anderem schnell das Fassen eines Apportierholzes bei. Später wird an dem Handgelenk des Hundes ein Stromempfänger befestigt, damit man den Schmerz über einen Stromsender auf Entfernung verursachen kann. Ist der Hund nicht mehr an den Dressurtisch gebunden, befestigt man den Sender an seinem Halsband.

Auf diese Weise erlernt der Hund mit Stromimpulsen die Leinenführigkeit, das Revieren, das Abliegen, das Stoppen, also fast alle für die Jagd und den Schutzdienst notwendigen Handlungen. Man spricht nicht mehr von einem Teletaktgerät. Über die Anwendung dieses Instrumentes wurde in der Öffentlichkeit viel diskutiert. Schließlich wurde die Erlaubnis dieses „Erziehungshilfsmittels" offiziell eingeschränkt. Um den Einschränkungen aus dem Wege zu gehen, werden jetzt dafür uneingeschränkt „Niedrigstromgeräte", die auch als „Innotecgeräte" bezeichnet werden, verwendet. Man spricht also nicht mehr von Strom, sondern verfremdet den Begriff, verniedlicht und verharmlost ihn. Diese Geräte senden also keine „Stromreize" aus , sondern schicken nur noch „Stromimpulse", die der Hund – nach Darstellung der Bertreiber – gerne hat. Hier wird nicht nur der Hund als manipulierbares Objekt eingesetzt, sondern es wird auch der arglose, um kompetenten Rat suchende Hundebesitzer mächtig in die Irre geführt.

Ich halte diese Art der Ausbildung für schwerste Tierquälerei. Die auf dem Tisch festgebundenen Hunde können sich in keiner Weise wehren. Haben sie diese Dressur nicht verkraftet und zeigen Angst oder werden handlungsunfähig, entledigt man sich ihrer. Der Mensch hat sie untauglich gemacht! Wäre es dann nicht manchmal besser, es gäbe keine Hunde in menschlicher Hand?

Das Problem, das uns Menschen zu diesen abartigen Dressurmitteln greifen lässt, liegt in der Schwierigkeit, einen Hund Verhaltensweisen zu lehren, die er aus eigenem Antrieb nicht ausführen würde, weil ihm dazu die Motivation fehlt. Als weiteren Grund dafür sehe ich den Zeitfaktor. Es ist zeitaufwändiger, sich zu überlegen, wie wir einen Hund auf für ihn verständlichere und positivere Art motivieren können als über Zwang. Die Lernerfolge scheinen sich schneller einzustellen als ohne Zwang. Auf der Strecke aber bleibt die Persönlichkeit des Hundes.

Jeder Hundebesitzer steht für die Ausbildung seines Hundes in eigener Verantwortung, nicht aber der ausgewählte „Ausbilder". Der Hundebesitzer und nur er entscheidet, was mit seinem Hund in der Ausbildung geschieht.

Das Erlernen motivationsstarker Handlungen

Nach dem kleinen Ausflug in die unerfreulichen Richtungen, in welche die „Abrichtung" von Hunden entarten kann, wenden wir uns wieder dem Training von Hunden zu, das die Begabungen und Talente eines Hundes fördert und auch herausfordert. Wir „dressieren" die Hunde nicht, sondern wir beschäftigen sie, um diesen feinfühligen, hoch spezialisierten und intelligenten

Tieren gerecht zu werden. Tiere mit diesen ausgeprägten, sozialen Bedürfnissen brauchen den persönlichen, individuellen Umgang. Sie brauchen, wenn sie – wie in den meisten Fällen – schon auf ihre Artgenossen verzichten müssen, den Menschen als Sozialpartner, der sie so in seine Gemeinschaft integriert, dass sie sich wie in einem echten, gewachsenen Familienverband fühlen können.

Hunde in Menschenhand dürfen bis auf wenige Ausnahmen ihrer Veranlagung, Beute zu finden, zu jagen und zu töten, um sie zu fressen, nicht mehr nachkommen. Dieses genetische Programm ist in jedem Hund noch verankert, darf aber nicht mehr in Funktion treten. Genau hier können wir Menschen hervorragend ansetzen, um unseren Hund zu beschäftigen und ihm damit Lebensfreude zu vermitteln.

Ich konnte bei meinen eigenen Hunden immer wieder feststellen, dass sie lange Spaziergänge zwar schätzten, danach aber nie sehr ermüdet schienen. Beschäftigte ich mich hingegen ausreichend mit ihnen und ließ ich sie zum Beispiel sehr schwierig versteckte Gegenstände suchen, so legten sie sich anschließend zu Hause zufrieden schlafen. Wer kennt nicht den „Erleichterungsseufzer" seines Hundes? Und wer fühlt dann nicht auch selbst tiefe Zufriedenheit, weil er das Wohlbefinden seines Hundes spürt?

▶ Das Beuteverhalten des Hundes

Die besten Möglichkeiten, einen Hund zu beschäftigen, sind das Suchen, das Tragen und das Bringen von Gegenständen. Diese Handlungen werden mit dem Begriff „apportieren" bezeichnet. Da diese angeborenen Verhaltensweisen ihre Wurzeln im Nahrungserwerb eines Hundes haben und damit ursprünglich zu seinem Überleben beitragen, wollen wir das Beuteverhalten eines Hundes genauer unter die Lupe nehmen.

Das Beuteverhalten richtet sich zunächst nach der Größe der Beute.

Bearded Collies (7 Wochen) fressen ohne Aggression an einer großen Beute.

Tragbare Beute wird „geklaut" und ...

... schnell in Sicherheit gebracht.

Entdecken das die anderen, geht die Verfolgung los.

Wir müssen zwischen tragbaren und nicht zu transportierenden Beutetieren unterscheiden. Es ist also wichtig, ob es sich zum Beispiel um ein kleines Kaninchen oder um ein Wildschwein handelt. Je nachdem wird das Beutetier an Ort und Stelle gefressen oder, wenn es tragbar ist, an einen versteckten Ort getragen, um es dort ohne Konkurrenz in Ruhe verzehren zu können.

Haben Welpen im Alter von etwa vier bis fünf Wochen große Fressbeute, so sitzen sie im allgemeinen friedlich daran und kauen jeder an einer Ecke. Dies läuft je nach Hunderasse für einige Zeit völlig harmonisch ab. Irgendwann beginnt ein Welpe zu knurren, wenn eines seiner Geschwister ihm zu nahe kommt. Der Knurrende frisst weiter und der Andere entfernt sich so weit, dass der gewünschte Abstand eingehalten wird. Ist die Beute groß genug, kann der Andere durchaus auch etwas abbekommen. Er muss nur die geforderte „Fressdistanz" einhalten.

Handelt es sich um tragbare Beute, beginnen die Welpen, sich die Beute zu schnappen und sie in ein sicheres Versteck zu bringen. Entdeckt ein Geschwister dieses Vorhaben, läuft es dem Beute Tragenden nach und versucht, ihm sein Futter abzujagen. Der Verfolgte wiederum ist schnell dabei, sich mit seiner Beute in Sicherheit zu bringen. Dieser Vorgang dauert eine Weile, bis entweder der Verfolger abgeschüttelt worden ist oder der Gejagte aus irgend einem Grund seine Beute verloren hat.

Ist der Andere schnell genug, so kann es ihm gelingen, die Beute zu erwischen – damit ist er der Beuteträger und wird nun seinerseits versuchen zu entkommen. Ist die Beute zwar tragbar, aber so groß, dass sie rechts und links aus dem Fang hängt, wird der Andere versuchen, einen Teil zu erwischen. Dann wird gezerrt und gezogen. Oft zerreißt dabei das Beutestück, so dass beide einen Teil für sich haben. Schnell wird sich jeder der beiden zurückziehen und in einer stillen Ecke fressen. Sobald aber ein Welpe an einem kleineren Futterteil intensiv frisst und ein Anderer kommt dazu, wird er kräftig knurren und das Futter verteidigen. Derjenige, der an der Beute frisst, wird respektiert. Derjenige, der nichts erwischt hat, wird entweder gehen oder in gemessenem Abstand auf eine gute Gelegenheit warten, bis der Beuteinhaber abgelenkt ist, nicht gut genug aufpasst und die Beute verliert. An den Fang des „Beuteinhabers" geht ein gut sozialisierter Hund nicht heran.

Dieses Verteidigungsverhalten kann im Alter von sechs Wochen auftreten, meine Bearded Collies zeigten es mit acht Wochen, bei anderen Rassen tritt es erst mit zehn Wochen oder noch später auf.

Ich konnte auch beobachten, dass selbst erwachsene Hunde das Verteidigungsknurren eines Welpen respektierten und ihn in Ruhe ließen.

Es zeichnet sich also deutlich ab, dass ein Hund in seiner Gemeinschaft, unabhängig von seiner sozialen Stellung, wenn er frisst und den zu nahe Tretenden anknurrt, respektiert wird. Ist die Beute sehr groß, wird Abstand gehalten und am entgegengesetzten Ende mitgefressen. Ist die Beute klein, wird der Fressende in Ruhe gelassen und damit Achtung gezeigt.

Frisst ein Hund noch nicht und bemerkt einen Konkurrenten, versucht er sich mit seiner tragbaren Beute in Sicherheit zu bringen.

In einer harmonischen Hundegemeinschaft darf also, unabhängig vom sozialen Status des Einzelnen, die Beute verteidigt werden. Die Verteidigung wird von den anderen Rudelmitgliedern anerkannt und respektiert. Der Rangniedrige muss also z.B. seinen erbeuteten Hasen nicht dem Ranghöheren bringen und ihm das erlegte Tier überlassen, nach dem Motto: „Friss du, ich hungere gerne für Dich!"

Diese Regeln gelten in gewachsenen, familiären Gemeinschaften mit einer geregelten, sozialen Ordnung.

Handelt es sich um Gemeinschaften von Sammelgruppen, sind die sozialen Spannungen oftmals so ausgeprägt, dass ein Rangniedriger, psychisch von den dominanten Tieren auf das Äußerste belastet, gar nicht mehr wagt, in Gegenwart eines Ranghohen Beute zu nehmen oder sie gar zu fressen. Hätte das im Rang niedrige Tier Beute und käme ein Ranghoher vorbei, würde es sofort die Beute fallen lassen und sich entfernen. Diese Handlung geschieht nicht, weil der Rangniedrige den Ranghohen satt werden lassen will, sondern er zieht sich aus Angst vor dem Anderen zurück und lässt dabei seine Beute liegen.

▶ Das Beuteverhalten in der Hund-Mensch-Gemeinschaft

Wenn unter Hunden derjenige toleriert wird, der die Beute hat und seine Verteidigung von jedem respektiert und anerkannt wird, haben wir Menschen ein großes Problem. Kein Hund darf seine Beute gegen ein Familienmitglied verteidigen! Er darf die Beute nicht verteidigen und soll sie sogar noch abgeben! Um diese für den Hund völlig unverständliche Handlung zu lehren, müssen wir Menschen mit viel Einfühlungsvermögen und Verständnis an das Training herangehen. Auch hier werden wir, unserem eingeschlagenen Weg treu bleibend, weder mit Gewalt noch mit Zwang oder gar mit Stromimpulsen eingreifen.

Während der Übungen soll uns stets im Gedächtnis bleiben, dass unser Hund ein sehr „unhundliches" Verhalten erlernen muss. Und trotzdem lohnt es sich für jeden Hund, ob Dienst- oder Familienhund, sowie für jeden Hundebesitzer gerade diese Übungen durchzuführen. Zum einen dienen sie der sinnvollen Beschäftigung, zum anderen können wir auf diese Weise ausgeprägtes Beuteverhalten, das im Zusammenleben mit dem Menschen durchaus entarten kann, in deutliche Bahnen lenken. Weiterhin kann ich versichern, dass die Lebensqualität des Hundes um ein Vielfaches steigt, wenn wir Menschen uns auf diese Weise mit ihm beschäftigen. Wir vertreiben unserem hundlichen Partner die Langeweile (der Tod für jede Beziehung!), und können ihm jeden Tag aufs Neue unsere Anerkennung schenken. Immer wieder werden wir stolz auf unseren Hund sein, wenn er eine schwierige Aufgabe mit seiner freudigen Motivation und Intelligenz gelöst hat. Das scheint mir der Lohn für unsere Mühe zu sein.

Wir müssen bei unserem Hund einerseits die Verteidigung der Beute regeln und in erträgliche Bahnen lenken und auf der anderen Seite das Beuteverhalten des Hundes für eine sinnvolle Beschäftigung mit dem Hund ausnützen.

Beispiel *Ein Hundefreund übernahm einen sehr „beutestarken" Dackel im Alter von acht Wochen. Das Tier verteidigte mit Nachdruck sein Futter. Es sah geradezu*

Wer an der Beute frisst, wird von den Anderen respektiert. Die Rangunterschiede fallen dabei nicht ins Gewicht.

grotesk aus, wenn der kleine Kerl Zähne fletschend und laut drohend sein Futter verteidigte. Respektierte der Mensch diese Drohgesten nicht, stürzte sich der Hund auf ihn, um den Respektlosen zu vertreiben. Amüsiert und zugleich provozierend ließ man dieses Verteidigungsverhalten zu. Im Alter von fünf Monaten beschränkte sich das Verteidigen nicht mehr ausschließlich auf die Umgebung seines Futternapfes, sondern es wurde auf den Raum ausge-

dehnt, in dem das Futter stand. Wenn der Hund fraß, konnte das Zimmer nicht mehr betreten werden. Wieder einige Zeit später begann er zusätzlich jeden Ort zu verteidigen, an dem sich etwas Essbares befand. Jetzt begann die Familie unter diesem Verhalten zu leiden, so dass sie beschloss, etwas zu unternehmen. Inzwischen allerdings war der Hund ausgewachsen, selbstbewusst und äußerst routiniert in seinen Verteidigungsattacken geworden. Das Beuteverhal-

Golden Retriever.
(7 Monate). Es ist
höchste Zeit ...

... dass der Hund
lernt, dem Men-
schen seine Beute
zu überlassen.

ten des Hundes in erträgliche Bahnen umzuwandeln, erforderte viel Mühe und Geduld. Dazu war der Hundebesitzer nicht bereit, so dass die täglichen Attacken ertragen und hingenommen wurden. Es ist für alle Betroffenen kein erfreuliches Zusammenleben möglich, wenn jeder aufpassen muss, dass nicht zufällig irgendwo etwas Fressbares herumliegt und man ständig auf der Hut sein muss, dass in diesen Fällen der Hund nicht gerade in der Nähe ist. Dazu kommt noch, dass viele Menschen, die das Verhalten erlebt haben und ebenso die Familie selbst, schnell verallgemeinern und feststellen, Dackel seien eben so.

Dieser Schluss entbehrt jeder Grundlage, denn der Dackel ist in seinem Beuteverhalten gut veranlagt, sehr gelehrig und hervorragend zu trainieren. Den Weg des Trainings wollen wir jetzt in kleinen Schritten verfolgen.

Wir verhalten uns absolut ruhig und warten, bis der Hund *von selbst* abgibt.

Das Wichtigste ist die Nachkontrolle!

Mit den entsprechenden Übungen sollten wir bereits beim Welpen beginnen. Schon ein junger Hund sollte weder seine Fress- noch seine Spielbeute verteidigen, auch wenn wir es noch so toll finden, wie eben beschrieben, dass der kleine Kerl beim Verteidigen schon so viel „Charakter" zeigt. Es ist allerdings eine Frage des Zeitpunktes, wann und wie wir korrigierend eingreifen.

So habe ich in meiner Welpenstudie herausgefunden, dass manche Welpen im Alter von neun Wochen ihr Futter gegen ihre Menschen verteidigen, es aber im Alter von zwölf Wochen von ganz alleine wieder lassen. Dies scheint dann der Fall zu sein, wenn sich der junge Hund in seiner Umgebung eingelebt, Vertrauen zu seinem Menschen gefasst hat und dieses gefestigt ist. Er hat bis dahin die Erfahrung gemacht, dass der Mensch für ihn kein „Futterkonkurrent" ist. Wir sollten daher unseren Welpen bis etwa zur zwölften Lebenswoche am Futter nicht provozie-

ren. Er soll möglichst nicht in die Situation kommen, über das Knurren mitteilen zu müssen, dass es sich um sein Futter handelt.

Tritt die Verteidigung der Beute jedoch gehäuft und mit beeindruckender Intensität auf, obgleich wir nicht provozieren, müssen wir in jedem Fall auch eher eingreifen. Die Futterverteidigung kann sich, wie in unserem Beispiel, zu einer zwanghaften Verhaltensweise entwickeln und somit zu einem unerträglichen Störfaktor im Zusammenleben mit dem Menschen werden.

Die Frage ist, wie wir eingreifen. Wir müssen die Beutesituation vorbereiten. Dazu sollten wir unserem Welpen zunächst ohne Bezug zur Beutesituation präventiv das Geschirr mit der daran befestigten Leine anlegen. Somit können wir verhindern, dass sich der Welpe mit seiner Beute aus dem Staube macht oder uns attackiert.

Erst nach diesen Vorbereitungen geben wir unserem Welpen eine für

Der Golden Retriever (14 Wochen) lernt, seine Beute nicht zu verteidigen.

1

ihn äußerst begehrenswerte Beute und warten ab, bis er genüsslich daran frisst. Er wird bei unserem Erscheinen nicht weglaufen, sondern, da er bereits am Fressen ist, an Ort und Stelle bleiben. Jetzt gehen wir zu ihm und teilen ihm mit, dass wir das Futter noch einmal wegnehmen müssen. Lässt er es geschehen, ist alles in Ordnung und wir loben ihn.

Lässt er es nicht zu, fassen wir ihn trotz des Knurrens an. Es ist außerordentlich wichtig, dass wir nicht frontal auf den Hund zugehen, sondern uns seitlich neben ihn stellen. Wir führen unseren Arm über den Nacken und legen die Hand in den Bereich der Kehle. Dabei verhalten wir uns ganz ruhig. Versucht der Hund zu schnappen, greifen wir mit der schon am Hals liegenden Hand ins Fell und halten ihn ruhig fest. Sowie er sich beruhigt, berühren wir mit der freien Hand die Beute und halten sie dann ohne zu ziehen. Knurrt der Hund, überhören wir das geflis-

sentlich und warten ganz ohne Aufregung, bis er uns die Beute von sich aus überlässt. Wir nehmen sie, betrachten sie und geben sie ihm nach einer Weile wieder zurück. Danach geben wir ihm genügend Distanz, damit er weiter frisst und nicht versucht, sich mit seiner Beute in Sicherheit zu bringen.

Den gleichen Vorgang wiederholen wir, bis es der kleine Hund erträgt, dass wir an ihn herantreten und ihn anfassen. Jetzt darf auch kein Knurren mehr zu hören sein. Sind wir erfolgreich, gehen wir ohne Kommentar von ihm weg und interessieren uns weder für seine Beute noch für ihn selbst. Wir haben unsere Übungen dann mit Erfolg abgeschlossen, wenn der Welpe ohne Anspannung unsere Nähe beim Fressen erträgt und wir ihn in freundlichem Einvernehmen jederzeit während er frisst, berühren können. Handelt es sich bei unserem Welpen um einen sehr beutestarken Hund, wiederholen wir diese Übungen in bestimmten zeit-

2

Dabei bleibt der Mensch ruhig und freundlich.

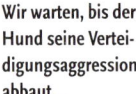

Wir warten, bis der Hund seine Verteidigungsaggression abbaut ...

3

lichen Abständen, um sicher zu sein, dass er nicht rückfällig wird.

Diese Art der Korrektur, die unsere Sicherheit und Unbeirrbarkeit zum Ausdruck bringt, ist für den Hund verständlich und verunsichert ihn nicht. Er wird spätestens nach der dritten Wiederholung verstanden haben, dass eine Verteidigung der Beute unnötig ist. Zugleich lernt er über die gezeigte souveräne Ruhe seines Menschen, ihn zu achten und zu respektieren. Versucht der kleine Hund, anderen Familienmitgliedern seinen Besitz der Beute anzuzeigen, müssen auch sie in der gleichen Weise reagieren. Problematisch allerdings wird es mit den Kindern der Familie, vor allen Dingen dann, wenn sie noch klein sind. In diesen Fällen müssen die erwachsenen Familienmitglieder sorgfältig darauf achten, dass das kleine Kind nicht in die Nähe des fressenden Hundes kommt. Der Welpe erfasst unerhört schnell, dass von einem Kind durchaus Konkur-

renz ausgehen könnte und wird unterscheiden, bei wem er verteidigt und bei wem die Verteidigung unnötig ist. Ist der Welpe herangewachsen und kam nie in die Verlegenheit, sein Futter verteidigen zu müssen, wird er dies auch in Zukunft unterlassen.

Haben wir einen erwachsenen Hund übernommen, der „beute-aggressiv" ist, dürfen wir die Drohung des Hundes natürlich nicht überhören! Das könnte üble Folgen für uns haben. (Knurren heißt: „Komm' mir nicht näher!" Respektieren wir diese Drohung nicht, wird uns der Hund gnadenlos beißen.) Wir werden diesen Hund nicht mehr wie üblich füttern, sondern ihm seine Nahrung in kleinen Portionen aus der Hand geben. Bevor er aber von uns etwas bekommt, ritualisieren wir eine Zeremonie. Wir rufen ihn beispielsweise, lassen ihn sitzen und uns ein „Pfötchen" geben (es kann auch ein anderes kleines Kunststück sein). Der Hund soll nicht den direkten

4 ... und seine Beute freiwillig loslässt.

5 Die positive Verbundenheit muss hinterher überprüft werden.

Bezug zu dem Futter haben, sondern darauf warten, dass er das „Pfötchen" geben darf. Auf diese Weise verliert die Beute ihre Vorrangigkeit.

Häufig bekommt man in diesen Fällen den Rat, den Hund erst sitzen und warten zu lassen, dann die Futterschüssel vor ihn zu stellen, und ihn erst auf ein Kommando fressen zu lassen. Bei diesem Vorgang erhöhen wir die Wertigkeit der Beute, denn der Hund lauert geradezu darauf, fressen zu dürfen. Daher stürzt er sich mit angestauter Gier auf sein Futter. Hier wird das Beuteverhalten eher gesteigert als verringert.

Zusätzlich zu unserem „Futtertraining" üben wir das Apportieren mit Spielbeute, aber zunächst so, dass sie immer in unserer Hand bleibt. Der Hund darf kurzfristig daran ziehen und zotteln. Wir werden das Spiel jedoch nach einer kleinen Weile beenden. Hält er das Spielzeug fest und ist nicht bereit, es herzugeben, bleiben wir wortlos vollkommen ruhig. Wir verhindern al-

lerdings, dass der Hund weiter zottelt. Dazu müssen wir ihm unter das Kinn fassen und ihn im Fell festhalten. Sobald er nicht mehr zurückziehen kann, wird er ruhig und still stehen oder sich setzen. Es dauert eine Weile, aber er wird seine Beute letztendlich abgeben.

Bemerken wir, dass das Abgeben des Spielzeugs für den Hund zur Selbstverständlichkeit wird, beginnen wir, ihm die Spielbeute zu überlassen und laufen von ihm weg. Wir beobachten, ob er uns folgt. Trägt er sie und läuft uns nach, haben wir im Beutetraining einen großen Schritt nach vorne getan. Laufen wir geschickt, wird es uns gelingen, seitlich neben dem Hund noch eine kleine Strecke mitzulaufen. Vorsichtig versuchen wir die Beute zu greifen, um ihn wieder in ein Zottelspiel zu verwickeln. Jetzt verknüpfen wir unsere vorherige Übung des Abgebens mit dem Herantragen der Spielbeute. Allmählich verliert der Hund die Angst, seine Beute weggenommen zu bekommen. Es ist nicht mehr notwendig, sie zu verteidigen, denn sie hat für den Hund eine andere Wertigkeit bekommen. Nach diesen Übungen mit der Spielbeute beginnen wir das Training mit Futterbeute in genau der selben Reihenfolge, wie mit seiner Spielbeute.

Der Hund soll so sorgfältig trainiert sein, dass ihm das Bringen jeder Beute wichtiger ist als deren Verteidigung. Der Handlungsablauf soll für den Hund in so feste Bahnen gelenkt sein, dass er sozusagen erst hinterher bemerkt, seine Beute nicht verteidigt zu haben.

In meinen Welpenstudien, die ich über 30 Jahre durchführte, wollte ich herausfinden, wie erwachsene Hunde Welpen „erziehen". Ich beobachtete, wie Welpen die soziale Ordnung lernen, mit der das Zusammenleben in einer Hundegemeinschaft geregelt wird. Dazu gehörte folgende Untersuchung: Jeder meiner Welpen in dieser Studie hatte im Alter von drei Monaten verstanden, in einem für ihn unbekannten Gelände Gegenstände zu suchen, zu finden und sie mir zu bringen. Ich versteckte jeweils für einen der Welpen in diesem Alter sowohl ein Spielzeug als auch einen Hundekuchen. Das gefundene Spielzeug wurde mir sofort gebracht, den Hundekuchen (fressbare Beute!) jedoch trug der Welpe in Sicherheit. Im Alter von 16 Wochen versteckte ich einen Hundekuchen und ein Schweineohr. Schweinohren hatten für jeden dieser Welpen einen hohen Beutestellenwert. In diesem Alter brachten sie mir den Hundekuchen sofort, das Schweineohr jedoch wurde in Sicherheit gebracht. Im Alter von 20 Wochen brachte mir jeder Welpe auch das

Schweineohr ohne zu zögern. Sie waren inzwischen so gut im Apportieren trainiert, dass sie ohne „Überlegung" bereit waren, mir alles zu bringen, was sie suchen, finden und bringen sollten.

▸ Der Aufbau des Apportierens mit Welpen

Fressbeute hat für den Hund im Allgemeinen einen wesentlich höheren Stellenwert als „Spielbeute". Das ist einer der Gründe, warum wir das Apportieren mit einer Spielbeute beginnen.

Spielen wir mit unserem Welpen und verwenden dazu Gegenstände, mit welchen wir versuchen, das Bringen von Spielsachen zu fördern, sollten wir darauf achten, nur weiche Gegenstände zu nehmen. Sie sollten so groß sein, dass sie rechts und links aus dem Fang des Hundes hängen. Bälle beispielsweise sind für diese Spiele ungeeignet, da wir, um sie halten zu können, in den Fang des Hundes greifen müssten. Damit würden wir uns sehr „unhundlich" verhalten, denn kein gut sozialisierter Hund greift in den Fang eines Anderen, der gerade frisst und Beute im Fang hält.

Bei unseren Spielen, die das Apportieren fördern und in Bahnen lenken sollen, kommt es uns entgegen, dass ein Welpe bis etwa zur zwölften Lebenswoche seine „Beute" im Allgemeinen in sein „Nest", in seine Sicherheit, einträgt.

Dieses Verhalten nützen wir aus: Der Welpe sitzt in seinem „Nest". Wir befinden uns neben ihm und halten ihn mit der flachen Hand an der Brust etwas zurück. Dann werfen wir z.B. einen Lederhandschuh etwa einen Meter von seinem „Nest" weg, nehmen die

von seinem sicheren Ort etwas entfernen, da er seine Beute ja nicht bringen, sondern nur eintragen will. Halten wir uns zu nah bei dem Hund auf, wird er sie weg tragen, statt sie einzutragen, denn er möchte uns nicht als Konkurrenten haben. Wenn er mit dem Spielhandschuh in seinem Nest angekommen ist, gehen wir ganz vorsichtig und langsam zu ihm, damit er nicht herausspringt. Wir greifen den Handschuh behutsam, ohne daran zu ziehen und warten, bis er ihn hergibt. Jetzt zeigen wir große Freude, belohnen ihn mit etwas Fressbarem und wiederholen den Ablauf in genau der gleichen Weise. Ganz schnell wird der kleine Welpe begreifen, dass es seinem Menschen gefällt, wenn er die Spielbeute in sein Nest einträgt. Er wird von nun an gezielt seine Beute eintragen und sich durch uns nicht mehr gestört fühlen.

Hat er diesen Ablauf gut umgesetzt, werden wir versuchen, den kleinen Hund nicht mehr in seinem Nest zurückzuhalten, sondern seine Erwartungshaltung in seinem Nest ausnützen. Da wir uns jetzt ein kleines Stück von ihm entfernen können, weil er bereits für kurze Zeit in seinem Nest warten kann, tragen wir seinen Handschuh etwa zwei Meter von ihm weg. Aufmerksam beobachtet er uns und wartet, bis wir zu ihm zurück kommen und ihn auffordern, sein Spielzeug zu holen. Steht er jedoch schon vorher auf, legen wir es vorerst gar nicht hin, sondern warten, bis er wieder in seinem Nest sitzt. Er soll möglichst keinen Erfolg haben, ohne zu warten und ohne Aufforderung seine Beute zu holen. Ist er jedoch schneller als wir und holt sie unaufgefordert, verhalten wir uns so, als wäre alles in Ordnung. Wir müssen

Hand von seiner Brust und lassen ihn laufen.

Der kleine Welpe wird herausspringen, den Handschuh holen und ihn in seine „Sicherheit" eintragen. Versucht er ihn wegzutragen, müssen wir uns

Der Havaneser (3 Mon.) holt seine Spielbeute und trägt sie in sein „Nest" ein.

Russische Huskyhündin (13 Wo.) bleibt ohne ihr „Nest" sitzen und hat den Handlungsablauf verstanden.

nur bei der nächsten Übung etwas geschickter vorgehen.

Sind wir erfolgreich mit dieser Handlungskette (er bleibt in seinem Nest sitzen, lässt uns erwartungsvoll den Handschuh wegtragen und holt ihn, wenn wir zu ihm zurückgekehrt sind und ihm den Auftrag dazu gegeben haben), dann beginnen wir, den Handschuh in einer Ecke zu verstecken oder ihn in ein anderes Zimmer zu tragen. Jetzt wird sich herausstellen, ob der Hund den Handlungsablauf verstanden hat: warten, suchen, finden und die Beute wieder in sein Nest zurückbringen.

Wenn alles gut geklappt hat, gehen wir mit seiner Schlafdecke in den Garten oder auf eine Wiese und führen das Training genau so durch, wie wir das zunächst in unserer Wohnung getan haben. Die Schlafdecke ist das symbolisierte Nest. Problemlos wird der kleine Welpe seine Beute auf die Decke eintragen.

Der nächste Schritt: Während der Welpe seine Beute holt, nehmen wir die Decke weg. Er kommt und findet statt seiner Decke uns vor. Wir übernehmen die Beute und loben entsprechend. Ohne Umstände haben wir erreicht, dass der Welpe in Zukunft seine Beute zu uns bringt. Es dauert auch nicht mehr lange, so ist die Decke als Hilfsmittel unnötig geworden. Der kleine Hund hat diesen Ablauf verstanden. Wir Menschen dürfen in dieser Situation wiederum nicht vergessen, beim Zurückkommen des Hundes ein paar Schritte rückwärts zu gehen, stehen zu bleiben und zu warten, bis er sich setzt. Er wird sich setzen, aber seine Spielbeute vor uns fallen lassen. Das ignorieren wir, da unser Schwerpunkt zunächst auf dem Bringen der Beute liegt und nicht auf dem Halten.

Beim nächsten Lernschritt fördern wir das Tragen der Beute. Der Anfang geschieht wie immer, er sollte geradezu ritualisiert sein. Der Hund sitzt und wartet, bis wir zu ihm zurück kommen und ihm den Auftrag geben, seine Beute zu suchen und zu bringen. Hat er sie gefunden, wird der Hund mit einer guten Beziehung zu seinem Menschen einen kurzen Moment verweilen und sich vergewissern, ob wir noch da sind. Genau diesen Augenblick passen wir ab. Wir reagieren mit einem freudigen „So bist du brav!", drehen uns um, zeigen ihm also den Rücken und laufen von ihm in die Gegenrichtung weg. Kurz entschlossen rennt uns der Hund mit seiner Beute nach. Wenn wir ge-

schickt laufen, gelingen uns ein paar kleine Richtungswechsel. Dabei kommen wir neben unseren Welpen. Wir versuchen, seitlich seine Spielbeute zu greifen, um ein kurzes Zottelspiel einzuflechten. Dann lassen wir sie wieder los und laufen in der gleichen Weise von unserem Hund weg. Sobald wir die Beute erneut zu fassen bekommen, zotteln wir ein wenig, drehen uns zum Hund und hören mit dem Spiel auf. Dabei halten wir das Spielzeug nur fest, setzen aber keinen Gegenzug mehr. In den meisten Fällen hört der Hund dann auch auf zu ziehen.

Wir warten ganz ruhig so lange, bis er uns seine Spielbeute von selbst gibt. Daraufhin schenken wir unserem Welpen wieder seine Distanz, loben ihn sehr und belohnen ihn mit fressbarer Beute.

Reagiert er nicht auf unser ruhiges Halten und zerrt und zottelt weiter, halten wir ihn unter dem Kinn am Hals im Fell fest, um den Hund am Zurückziehen zu hindern. Diese Welpen haben ein überdurchschnittliches Beuteverhalten. Den Griff am Hals, den wir sonst höchstens einmal als äußerste Drohgeste verwenden, wird meines Erachtens vom Hund in dieser Situation nicht als Bedrohung wahrgenommen, da seine ganze Aufmerksamkeit auf die Beute gerichtet ist. Kann er nicht mehr zurückziehen, wird er ruhig werden und sich ohne Aufforderung setzen.

Jetzt gehen wir so, wie bereits beschrieben, vor und warten, bis er uns sein Spielzeug gibt. Der Hund wird wieder erkennen, dass sein gezeigtes Verhalten seinem Menschen gefällt und wird es aus diesem Grund von sich aus wiederholen.

▶ Der Aufbau des Apportierens mit erwachsenen Hunden

Der Aufbau und das Erlernen des Apportierens geschieht bei einem erwachsenen Hund in genau der gleichen Art wie bei unseren Welpen. Meistens beherrscht ein erwachsener Hund bereits das Sitzen und Bleiben. Wir beginnen mit unseren Übungen daher an diesem Punkt. Es ist sehr wichtig, dass wir das sinnlose Spiel des ständigen „Beute-Werfens" unterlassen. Ein Hund bindet bei so einem Spiel den Menschen nicht in seine Handlung mit ein. Er degradiert ihn zum „Beutewerfer". Der Hund registriert in so einer spannungsreichen Situation gar nicht, wer die Beute wirft – Hauptsache, sie fliegt. Das allerdings kann nicht in unserem Sinne sein, da wir eigentlich ein gemeinsames Spiel mit unserem Hund vorhatten. Aus diesem Grund veranlassen wir den Hund, uns in das Apportierspiel deutlich mit einzubeziehen. Dazu lassen wir ihn sitzen und gehen mit seiner Spielbeute von ihm weg. Er wird warten und beobachten, was wir mit seiner Beute machen. Schon sind wir aktiv in das Geschehen mit eingebunden. Wir legen die Beute auf den Boden und kehren zum Hund zurück. Erwartungsvoll und freudig wartet er gespannt auf das Signal: „Jetzt darfst du los!" Nun sind wir es, die voller Spannung auf das Suchergebnis unseres Hundes warten. Inzwischen kann er seine Fähigkeiten im Suchen und Finden einsetzen. Ist er erfolgreich geworden, wird er voll Freude mit seinem Menschen wieder Kontakt aufnehmen und seine gefundene Beute bringen. Er ist positiv motiviert, in freudiger Stimmung, weil bei dieser Aktion auch noch sein soziales Bedürfnis zufriedenge-

1–3 Der Hund sitzt, beobachtet und wartet auf seinen Auftrag.

4, 5 Freudig holt er die Beute.

6–10 Sein Mensch läuft geschickt weg, greift die Beute, zottelt, hört auf damit und wartet, bis der Hund sie ihm gibt.

stellt wird. Ganz nebenbei zeigt sich der wertvolle Effekt, dass er das sonst so lästige Sitzen und Bleiben gerne ausführt.

GRÜNDE, WARUM EIN HUND NICHT APPORTIERT ▶ Ich möchte noch einmal zusammenfassend erklären, warum ein Hund nicht bereit ist, Beute zu nehmen, zu tragen, zu bringen oder abzugeben. Für das Apportieren gilt grundsätzlich, genauso wie für das Herankommen, dass der Mensch nicht

starr und regungslos auf den Hund blickend stehen darf. Starres Stehen wird der Hund immer als Bedrohung auffassen. Wir hemmen ihn förmlich, nah an uns heranzukommen, denn er möchte uns nicht „zu nahe treten". Er zeigt uns mit der eingehaltenen Distanz, dass er uns schätzt und achtet. Leider haben wir Menschen mit dieser vom Hund gezeigten Distanz große Probleme, da wir dieses positiv gemeinte Verhalten allzu häufig negativ interpretieren. Dieses Missverständnis kön-

nen wir, wie gesagt, geschickt vermeiden, wenn wir nur wenige Schritte rückwärts gehen und, ist der Hund bei uns und sitzt, ihm unsererseits mit zwei kleinen Schritten seitlich seine Distanz schenken. So sind beide, Hund und Mensch, in bestem Einvernehmen.

1. Wir gewöhnen unserem Hund schon im Welpenalter das Nehmen oder das Tragen der Beute ab. Das geschieht immer dann, wenn er „Beute" hat, die er nicht haben soll.

Hat der kleine Hund beispielsweise ein Kinderspielzeug oder einen teuren Schuh von uns im Fang oder aber er frisst an etwas, das uns unappetitlich erscheint, so rennen wir gewöhnlich schnell auf den Hund zu und rufen empört: „Pfui ist das!" Der Hund wird die Beute entweder unverzüglich schlucken oder, wenn sie tragbar ist, versuchen, sie schnell in Sicherheit zu bringen. Dieses Verhalten ist für ihn normal. Wir verstärken mit unserer bedrohlichen Reaktion allerdings das

Wegtragen und das in Sicherheit bringen der Fressbeute. Damit erreichen wir also genau das Gegenteil von dem, was wir eigentlich fördern wollten.

Wie verhalten wir uns in dieser Situation? Unser Welpe frisst also etwas, das wir für nicht fressenswert erachten. Trotz dieser Situation, die wir korrigieren wollen und vielleicht korrigieren müssen, werden wir uns dem Hund immer freundlich zuwenden. Sind wir neben ihm, geben wir ihm den Auftrag, sich zu setzen. Zunächst interessieren wir uns für seine Beute nicht. Wir möchten seine Aufmerksamkeit auch, wenn er offensichtlich sehr abgelenkt ist. Schenkt er sie uns und setzt sich, entfernen wir uns ein kleines Stück und rufen ihn zu uns. Führt er beide Aufträge aus, erhält er ein freundliches Lob.

Läuft der Hund jedoch bei unserer Annäherung weg, haben wir in dieser Situation keinen Einfluss mehr. Wir müssen es hinnehmen und so tun, als hätten wir nichts bemerkt. Jedes Nachlaufen wird den Hund in seinem für uns unerwünschten Verhalten verstärken.

Bleibt der Hund fressend an seiner Beute und reagiert nicht auf unseren Auftrag, sich zu setzen, dann legen wir die flache Hand unter sein Kinn und heben den Kopf hoch. Setzt er sich, gehen wir ein paar Schritte weg von ihm und rufen ihn. Kommt er sofort, ist alles in Ordnung. Kommt er nicht und wendet sich wieder der Beute zu, gehen wir mit einem schnellen Schritt auf ihn zu und „knurren" ihn mit einem „Was ist das!" an. Der Auftrag war „Sitzen!" und nicht „Fressen!" Oft genügt dieser unwillige Ton, und der Hund korrigiert sich von selbst. Geschieht das nicht

oder knurrt er uns auch noch an, dann greifen wir, wie beschrieben, mit dem Arm über den Nacken des Hundes, fassen ihn mit der Hand im Fell unter dem Kinn und halten ihn, bis er für uns wieder ansprechbar ist. Trägt er weder Geschirr noch Leine, legen wir ihm beides an und gehen wieder zu der „kritischen" Stelle. Wir kennen jetzt, genau wie der Hund, den Ort der Ablenkung. Kurz bevor wir an die kritische Stelle kommen, bleiben wir stehen und beobachten den Welpen. Möchte er zu dem Ort, um wieder zu fressen, „knurren" wir und geben ihm einen Auftrag. Geht er anstandslos vorbei, wird er sehr gelobt.

Psychologisch gesehen wollen wir unserem Hund nicht grundsätzlich verbieten zu fressen, sondern wir wollen ihm nur klar machen, dass er auch unter Ablenkung mit seinem Menschen verbunden bleiben muss.

Es ist für einen Hund schwer zu verstehen, dass er Fressbares einmal annehmen und ein andermal auf keinen Fall annehmen darf. Für ihn sind auch im Gegensatz zu uns Menschen manche unappetitlichen Dinge begehrenswerte „Delikatessen". Es ist äußerst schwierig für uns, hier eine für den Hund verständliche Linie zu finden. Ein guter Kompromiss: Der Hund bekommt, hat er etwas Fressbares gefunden, sofort den Auftrag, sich entweder zu setzen oder zu seinem Menschen zu kommen. Erfüllt er ihn, ist das Fressen verhindert, ohne dem Hund die Beute verboten zu haben. Wir sollten stets gut aufpassen und darauf achten, dass der Hund, bevor er an etwas Fressbares gelangt, vom Erfolg des Fressens abgehalten wird. Häufig stellt sich dann ein für uns Menschen unerwarteter positiver

Lerneffekt ein: Der Hund findet etwas Fressbares, verweilt am Fundort und sieht uns geradezu mit der Frage an: „Darf ich oder darf ich nicht?" Wir werden reagieren und ihn entweder zu uns rufen oder sich setzen lassen. Ich habe hin und wieder erlebt, dass der Hund sogar das Gefundene ohne Aufforderung zu mir bringt und es nicht frisst.

Beispiel *Eine Familie übernahm von einem Jagdhundzüchter einen Vorstehhund, der aus einem nicht geplanten Wurf stammte. Es war ein äußerst lebhafter, freudiger und aktiver Hund. Die Zuchtauslese dieser Jagdhunde ist darauf ausgelegt, möglichst ausgeprägtes Beuteverhalten zu bekommen. Das musste die Familie zunächst schmerzlich erfahren. Der Welpe verteidigte mit kraftvoller Energie jede Art von Futter. Er begann sogar, sein Spielzeug als echte Beute anzusehen und sich entsprechend zu verhalten. Die Familie holte sich Rat und war auch bereit, die Trainingsvorschläge anzunehmen und auszuführen. Gelehrig wie dieser Hund war, verstand er sehr schnell, was von ihm gefordert wurde. Er lernte zu apportieren und zugleich „verlernte" er innerhalb seiner Familiengemeinschaft, Beute zu verteidigen. Eines Tages führte der Spaziergang an einem großen Weiher vorbei. Der Hundebesitzer passte nicht auf und vermisste plötzlich seinen Hund. Er blieb stehen, wartete und entdeckte ihn in einiger Entfernung am Ufer. Das Tier schien sehr beschäftigt zu sein. Schließlich rief er den Hund. Dieser wurde aufmerksam, orientierte sich und gehorchte. Jedoch auf halbem Weg blieb er stehen, kehrte um, lief zum Ufer zurück und schien etwas zu holen. Genauso schnell ging er wieder in die Richtung seines Menschen. Das Tier trug etwas im Fang. Ohne Aufforderung setzte sich der Hund so vor seinen Menschen, als wollte er etwas abgeben. Sein Mensch verstand die Absicht und ließ sich das noch Unbekannte geben. Es war eine Wasserratte, die der Hund gefangen und getötet hatte. Sein Mensch reagierte mit großem Lob und Freude, obgleich ihm gar nicht danach zu Mute war, denn er fürchtete sich vor Ratten! Trotzdem übernahm er sie und versteckte sie heimlich in einem Gebüsch. Der Hund sollte dies nicht bemerken, damit er nicht glaubte, die Ratte sei verloren und er müsse sie erneut bringen.*

2. Der Hund läuft zur Beute, bringt sie aber nicht.

Hoch motiviert sprintet der Hund zur Beute, greift sie, nimmt Blickkontakt zu uns auf, geht dann aber mit der Beute in eine andere Richtung, oder aber lässt sie wieder fallen und kümmert sich nicht mehr darum. Im Allgemeinen liegt das an unserer Erwartungshaltung. Wir warten gespannt, was der Hund macht und stehen in starrer Haltung. Wir warten auf das Bringen der Beute. Der Hund interpretiert dieses unbewegliche Stehen als Bedrohung und kann deshalb nicht kommen.

Wie verhalten wir uns in dieser Situation? Zunächst rufen wir anerkennende Worte. Entweder gehen wir ein paar Schritte rückwärts und verhalten uns wie beim üblichen „Herankommen". Oder wir drehen uns weg vom Hund und laufen in die Gegenrichtung. Da der Hund uns nicht verlieren möchte, greift er seine Beute und kommt uns schnell nach. Wir verhalten uns wie beschrieben. Je nach Ausbildungsstand laufen wir geschickt, um die Beute seitlich greifen zu können und ein kleines Zottelspiel anzufügen.

Oder wir drehen uns, bevor der Hund bei uns ist, zu ihm, gehen ein paar Schritte rückwärts, bleiben dann stehen und lassen uns die Beute geben.

Manchmal kommt es vor, dass der Hund, wenn er uns weglaufen sieht, keine Zeit mehr hat, die Beute mitzunehmen. Er kommt also, ohne seinen Auftrag erfüllt zu haben, aber es ist ihm wichtig, bei uns zu sein. Wären wir darüber ungehalten, wäre der Hund sehr enttäuscht. Beim nächsten Mal käme er vielleicht schon nicht mehr. Wie immer freuen wir uns, wenn der Hund Kontakt zu uns aufnimmt. Gemeinsam gehen wir mit ihm an die Stelle, an der die Beute liegt und fordern ihn nochmals auf, sie zu nehmen. Nun laufen wir wieder von ihm weg, aber natürlich nur so weit, dass der Hund nicht wieder ohne seine Beute kommt.

3. Der Hund bringt die Beute, lässt sie aber vor uns fallen.

a) Hunde können häufig nicht zwei Handlungen zugleich ausführen – Sitzen und den Gegenstand im Fang behalten.

Wie verhalten wir uns in dieser Situation? Zunächst üben wir folgendes: Der Hund sitzt, wir gehen zwei bis drei Schritte rückwärts von ihm weg und werfen ihm ein Spielzeug zu. In dem Augenblick, in dem er es gefangen hat, gehen wir, so wie wir das bereits für das „Herankommen" ritualisiert haben, ein paar Schritte rückwärts. Der Hund kommt gewohnheitsmäßig heran und sitzt vor. Dabei behält er „ganz aus Versehen" seine Beute im Fang. Geschickt, ohne eine schnelle Bewegung zu machen, versuchen wir die Hand unter den Fang des Hundes zu führen, um die Beute in Empfang zu nehmen. Ge-

lingt es uns, wird der Hund herzlich gelobt. Wiederholen wir diese Übung ein paar Mal, wird das Halten des Gegenstandes für ihn problemlos zu einer Selbstverständlichkeit. Fällt die Beute zu Boden, heben wir sie selbst auf und werfen sie ihm erneut zu. In dieser Lernsituation sollten wir den Hund nicht dazu auffordern, die Beute vom Boden selbst aufzunehmen. Das können wir erst dann verlangen, wenn er sicher apportiert und uns testen möchte, ob er sie immer halten muss, bis wir sie ihm abnehmen.

b) Der Hund bringt die Beute und erhält von uns als Auftrag ein strenges „Aus".

Der Hund fühlt sich von uns „angeknurrt". Vor lauter Schreck lässt er die Beute fallen, weil er denkt, er habe etwas falsch gemacht. Das ist auch oft der Grund, warum der Hund zwar zu uns kommt, dann aber einen großen Bogen um uns schlägt.

Wie verhalten wir uns in dieser Situation? Ist der Hund mit seiner Beute bei uns und sitzt, legen wir die flache Hand unter sein Kinn, verhalten uns ganz ruhig und sagen dann mit leiser Stimme z.B. „Schenk's mir!". Es darf von unserer Seite keine Spannung ausgehen, um ihn damit nicht zu verunsichern.

4. Der Hund bringt die Beute, hält sie aber fest und gibt sie nicht her.

Wie verhalten wir uns in dieser Situation? Je mehr wir ziehen, desto fester wird er sie halten! Auf keinen Fall greifen wir dem Hund in den Fang, um die Beute herauszuholen oder drücken ihm die Lefzen in die Zähne, um ihn zum Abgeben zu zwingen. Mit diesem Verhalten zeigen wir uns sehr asozial, da im „hundlichen" Verhalten niemals ein Hund dem anderen in den Fang greift oder über den Fang beißt, um die Beute zu erhalten.

Bedenken wir immer, dass ein Hund, der beim Hergeben der Beute Probleme hat, sich in höchster Anspannung befindet. Sind wir ungehalten und grob, verstärken wir diese angespannte Situation für ihn nur noch und werden, statt zum Erfolg zu kommen, das Vertrauen des Hundes zu uns tief verletzen.

In aller Ruhe greifen wir mit einer Hand unter sein Kinn und halten ihn im Fell fest, damit er nicht zurückziehen kann. Der Hund darf keinen Zug im Fang an der Beute spüren. (Er möchte seine Beute nicht verlieren!) Dann warten wir ganz ruhig, bis er sie hergibt. Das kann mehrere Minuten dauern. Wir bleiben dabei vollkommen entspannt. Gibt er sie uns, wird er sehr gelobt und bekommt zur Bekräftigung unseres Lobes ein besonders schmackhaftes Leckerchen.

Sehr häufig wird dem Hundefreund in dieser Situation geraten, einen Beuteaustausch zu machen. Dabei hält man dem Hund ein Leckerchen unter die Nase oder ein begehrtes Spielzeug, in der Hoffnung, dass er den Fang öffnet und dabei die Beute herausfällt. Oft ist man damit auch erfolgreich. Hier provozieren wir den gleichen Fall wie so oft: Der Hund lässt zwar seine Beute los, aber nicht weil er sie seinem Menschen abgeben will, sondern weil er das andere haben möchte. Unser Ziel bei jeder Übung ist jedoch, die soziale Komponente mit einzubeziehen, um das ausgeprägte Bedürfnis des Hundes nach sozialen Kontakten zufrieden zu stellen.

5. Der Hund holt die Beute, läuft aber von uns weg.

Wie verhalten wir uns in dieser Situation? Auf keinen Fall laufen wir dem Hund nach. Darüber würde sich der Hund nur freuen, denn es könnte sich ein schönes Verfolgungsspiel für ihn anbahnen. Wer die Beute hat, ist der „Sieger". Wir müssen genau das Gegenteil tun. Wir laufen von ihm weg und „wollen" seine Beute gar nicht. Das wiederum war nicht die Absicht des Hundes. Daher verfolgt er uns nun seinerseits. Wenn wir geschickt mit kleinen Richtungswechseln laufen, werden wir ihn seitlich erreichen. Auf diese Weise können wir nach der Beute greifen, ein wenig zotteln und uns das Spielzeug, wie beschrieben, geben lassen.

6. Der Hund knurrt, wenn er Beute hat und wir uns nähern.

Wie verhalten wir uns in dieser Situation? Der Hund verhält sich zu „hundlich" und hat nicht gelernt, mit seiner Beute und dem Menschen umzugehen. In diesen Fällen nehmen wir eine große Spielbeute und geben sie nicht aus der Hand. Der Hund zottelt und wir beenden das Spiel. Er wird uns jedoch seine Beute nicht ohne weiteres überlassen. Wir verhalten uns wie in Punkt 4. Wir verhindern, dass er zurückziehen kann, verhalten uns völlig ruhig und warten, bis er den Fang von selbst öffnet und seine Spielzeug von selbst abgibt. Nur wenn uns der Hund von sich aus seine Beute gibt, sind wir wirklich erfolgreich, da wir auf diese Weise in den Ablauf der Handlungskette aktiv eingebunden werden. Und nur so können wir mit unserer Ruhe Autorität ausstrahlen, die der

Hund gerne annimmt und anerkennt. Hat der Hund die Beute im Fang und läuft damit weg, ignorieren wir dieses Verhalten und gehen grundsätzlich in die Gegenrichtung. Fällt es einem Hund schwer, seine Beute abzugeben, üben wir zunächst das Hergeben des Spielzeugs, bevor wir ihn zum Suchen, Holen und Bringen auffordern. Wir vermeiden jede mögliche Situation, in der er Besitz an einer Beute signalisieren könnte.

Die häufigsten Missverständnisse beim Apportieren sind also:
▶ Wir Menschen gehen auf den Hund zu, wenn er die Beute im Fang hat. Der Hund wird weglaufen und sich mit der Beute in Sicherheit bringen.
▶ Der Hund würde uns die Beute bringen, aber wir stehen in starrer Erwartungshaltung und fixieren den Hund. Er wagt nicht, zu uns heranzukommen, da wir für ihn bedrohlich wirken.
▶ Der Hund bringt die Beute, wir greifen mit einer schnellen Bewegung danach und sagen: „Aus!". Der Hund fühlt sich „angeknurrt" und glaubt, sein Verhalten sei unerwünscht. Also wird er diese Handlung nicht mehr wiederholen.
▶ Der Hund bringt die Beute, wir greifen danach und versuchen, sie aus dem Fang zu ziehen. Der Hund möchte seine Beute nicht verlieren und wird immer fester zubeißen, um sie zu halten. Wir bewirken nicht das Hergeben, sondern fördern das Festhalten.

Diese Missverständnisse entstehen aus Unwissenheit. Das Beuteverhalten des Hundes wird häufig falsch interpretiert und somit zieht man falsche Schlüsse

für das Apportiertraining. In keinem Trainingsbereich wird Hunden so endlos viel Unrecht angetan wie bei der „Dressur" des Beutesuchens, Beuteaufnehmens und Beutebringens. Sie werden geschlagen, gepiesackt und mit Stromimpulsen gequält. Würde man sich mit dem Verhalten der Hunde beschäftigen und lernen, es zu beobachten und zu verstehen, so könnte der Mensch auf jeden Zwang und tierquälerische Maßnahmen verzichten. So wie ich den Vorgang des Apportiertrainings beschrieben habe, konnten alle Hunde, auch „Diensthunde", lernen, freudig zu apportieren. Auch die Tiere, welche schon schlechte Erfahrungen beim Apportieren gemacht hatten, lernten, nachdem das Vertrauen zum Menschen wieder aufgebaut war, Freude am Suchen, Bringen und Abgeben von Beute zu haben. Sogar meine Dingos haben diesen Handlungsablauf gelernt und Freude daran gezeigt.

Über das Apportieren eröffnen sich uns Menschen unendlich viele Möglichkeiten, unseren Hund sinnvoll zu beschäftigen und ihm damit Lebensfreude zu bereiten. Ich denke, es ist die Grundlage für beinahe jeden Beruf, den der Hund für uns und mit uns Menschen ausführt.

Die Anwendung motivationsstarker Handlungen

Beispiel *Festspielzeit in Bayreuth! Das ist ein großes Ereignis. Zu dieser Zeit halten sich viele Künstler in Bayreuth auf. Zwei Sängerinnen gingen mit ihren Hunden in der Mittagszeit über eine große, außerhalb der Stadt gelegene Wiese spazieren. Ihre Hunde tollten ausgelassen herum. Als sie zu ihrem Auto zurückgingen, entdeckten* *sie, dass sie ihren Autoschlüssel verloren hatten. Es handelte sich um einen einzelnen Schlüssel ohne Lederetui oder andere Anhänger. Die Flugkarte von einer der beiden Sängerinnen befand sich im Kofferraum und das Flugzeug ging abends von Frankfurt ab. Es war also bereits höchste Zeit, sich auf den Weg zu machen.*

Man setzte alle Hebel in Bewegung, das Auto so schnell wie möglich zu öffnen, um an das Flugticket heran zu kommen. Zufällig war in der Nähe ein Hund, der in der Suche nach Gegenständen eine gute Ausbildung genossen hatte. Dieser wurde zur Suche eingesetzt. Nach eineinhalb Stunden hatte er den Schlüssel im halbhohen Gras gefunden – eine beeindruckende Leistung. Man konnte dem Schlüsseldienst der Autofirma wieder absagen und das Flugzeug wurde gerade noch erreicht.

An diesem Beispiel erkennen wir, wie nützlich ein gut apportierender Hund sein kann, auch wenn er „nur" ein Familienhund ist.

Häufig glauben Hundefreunde, dass ein Hund das Apportieren nur als junges Tier erlernen kann. Sicherlich lernt ein junger Hund Handlungsabläufe schneller als ein erwachsenes Tier. Vor allen Dingen vergisst es das Gelernte weniger schnell und benötigt auch weniger Wiederholungen zum Erlernen einer Handlung als ein ausgewachsenes Tier. Das bedeutet aber nicht, dass ein erwachsener Hund nicht mehr in der Lage wäre, entsprechende Handlungsketten zu erlernen. Alle erwachsenen Hunde, die in der eben beschriebenen Art für diese Aufgaben trainiert wurden, haben sie gelernt und zuverlässig ausgeführt. Sogar die Hunde, welche die Aufgaben des Apportierens ablehnten, weil sie bereits sehr schlechte Erfahrungen gemacht hatten, konnten „rehabilitiert" werden und wieder Freude an diesen motivationsstarken Handlungen gewinnen. Jeder Familienhund sollte die Möglichkeit bekommen, so positive Aufgaben lernen zu dürfen. Entschließt sich sein Mensch dazu, hat auch er viel Freude an den gemeinsamen Erfolgen des „Beutemachens"!

Bis jetzt haben wir sorgfältig den Grundstein für das Apportieren gelegt. Der Hund sucht, findet und bringt uns freudig und gerne sehr unterschiedliche Gegenstände. Jetzt sind unserer Fantasie für die Beschäftigung mit dem Hund keine Grenzen mehr gesetzt.

Wir haben bei dem Apportiertraining eine Vielzahl von Möglichkeiten für Übungen, die der Hund im Alltagsleben eher ungern zeigt. In den Apportiersituationen jedoch führt er sie, sozusagen unbemerkt, wie von selbst aus.

Dazu gehören: das Sitzen und Warten, das Herankommen, wenn gerade etwas Interessantes wahrzunehmen ist, oder das Anhalten des schnellen Laufens, auch wenn unverhofft ein Hase vor dem Hund aufspringt und vieles mehr.

In Verbindung mit dem Apportieren treten diese sonst so lästigen Verhaltensweisen in den Hintergrund. Sie werden ganz „aus Versehen" perfekt ausgeführt, weil dem motivationsstarken „Beutemachen" gleichsam die Bedeutung einer großzügigen Belohnung zukommt. Die Freude, Beute suchen, finden und bringen zu dürfen, erhält für die Handlung des Hundes eine hohe Gewichtung. Zusätzlich wird sein Mensch mit einer bedeutenden Funktion in diesen Ablauf eingebunden. Das Training des Apportierens ist daher so

1,2 Der Hund sucht und findet.

3, 4 Er kommt zurück und teilt eindeutig mit, dass er gefunden hat, die Beute aber nicht erreichen kann ...

5, 6 ... und führt zum Fundort.

aufgebaut, dass der Hund seinem Wunsch nach Beute nur nachkommen kann, wenn sein Mensch als Partner zu ihm gehört. Das entspricht nicht nur den sozialen Bedürfnissen des Hundes, sondern es befriedigt diese auch. (Bedenken wir: Der Urvater unseres Hundes jagt sehr erfolgreich im Team!)

Beispiel Ein Hundefreund ging mit seinem Hund spazieren. Plötzlich verschwand der sonst sehr folgsame Hund im Wald. Beunruhigt wartete der Mensch auf die Rückkehr. Nach einer Weile kam er auch zurück, zwar ungewöhnlich aufgeregt, aber nicht abgehetzt. Der Hund hatte demnach sicher nicht gewildert. Der Hundefreund war über das ungewöhnliche Verhalten seines Tieres sehr verwundert und wollte den Spaziergang fortsetzen. Sein Hund lief erneut weg. Nunmehr ganz irritiert wartete der Mensch wieder. Das Tier

kam zurück, sprang ihn an, winselte und lief in die Richtung, aus der es gekommen war. Jetzt verstand sein Mensch. Er ging mit und ließ sich von ihm führen. Der Hund hatte einen totes Reh gefunden und versuchte, dies seinem Menschen mitzuteilen.

▸ **Übungen für das Suchen mit hoher Nase**

SUCHSPIELE MIT EINEM GEGEN-STAND ▸ Unser Hund sitzt, wir tragen die Beute weg und verstecken sie. Der Abstand zum Hund wird größer und die Verstecke immer schwieriger. Einmal decken wir den Gegenstand beispielsweise mit etwas Gras oder Erde zu, ein anderes Mal verstecken wir ihn in einem Holzstoß oder Heuhaufen. Während der Hund sucht, verhalten wir uns ganz ruhig, findet er nicht, muntern wir ihn ein wenig auf. Hat er ge-

3

4

5

6

funden, ist die Freude übergroß. Wir dürfen dabei nicht vergessen, vom Hund wegzulaufen, sonst blockieren wir sein Bringen.

Noch schwieriger ist es für den Hund, wenn wir seine Beute, zunächst für ihn erreichbar, in einen Baum hängen. Es ist für einen Hund ungewöhnlich, in der Höhe Beute zu suchen (Rehe und Hasen hängen sich in der Regel nicht auf). Hat der Hund sie gefunden und zu sich heruntergezogen, legen wir sie beim nächsten Mal für ihn unerreichbar hoch. Er wird sich bemühen, die Beute zu erreichen und dabei erkennen, dass er das Problem nur mit unserer Hilfe lösen kann. Jetzt können wir uns überlegen, welche Art der Mitteilung wir beim Hund fördern wollen. Soll der Hund über Lautäußerungen unsere Aufmerksamkeit auf sich ziehen, oder wollen wir lieber, dass er uns zum Fundort holt? Winselt und jault er und wir wollen uns über seine Lautäußerungen ansprechen lassen, werden wir positiv darauf reagieren: wir werden immer wenn er winselt gemeinsam mit ihm näher an die Beute gehen, bis wir sie schließlich für ihn vom Baum holen. Aus diesem Winseln wird später ein Bellen. So erreichen wir in bestimmten Situationen eine gezielte Lautäußerung unseres Hundes.

Wir können aber auch ein anderes Verhalten des Hundes fördern: Der Hund findet die für ihn unerreichbare Beute. Nachdem er die Unerreichbarkeit erkannt hat, wird er Blickkontakt mit uns aufnehmen. Wir reagieren darauf und laufen in die entgegengesetzte Richtung. Der Hund wird uns nachlaufen, denn er wollte uns etwas mitteilen. Hat er uns erreicht, gehen wir mit ihm gemeinsam bis zum Fundort, aber nicht ganz bis dorthin. Der Hund wird zu dem Baum laufen und wieder Hilfe suchend mit uns Kontakt aufnehmen. Wir reagieren, gehen zu ihm und holen mit ihm gemeinsam die Beute vom Baum. Es folgt ein Spiel und anschließend die Wiederholung. Bald wird der Hund erkennen, dass er nur zum Ziel kommt, wenn er seinen Menschen holt.

Wir belohnen also über unsere positive Zuwendung das Verhalten des Hundes, das mit uns primär nichts zu tun hat. Er hat die Beute gesucht und gefunden. Dabei musste er feststellen, dass sie für ihn unerreichbar ist. Doch bald erkennt der Hund, wie außerordentlich nützlich er seinen Menschen in diese Handlung mit einbeziehen kann. Auf diese Weise wird die Beziehung des Hundes zu seinem Menschen durch die Initiative des Tieres deutlich gefestigt. Der Hund bindet den Menschen aktiv in seine Handlung ein.

SUCHSPIELE MIT ZURÜCKFÜHREN AN DEN FUNDORT ▸ Beispiel *In meinen Seminaren erlaubte ich mir häufig einen sehr wirkungsvollen Spaß: Vor dem praktischen Teil des Seminars versteckte ich heimlich einen Geldschein. Während des Unterrichts rief ich meine Retriever-Hündin zu mir und teilte ihr mit, dass ich etwas verloren hätte. Sie lief – ohne zu wissen, wo ich den Geldschein versteckt hatte – los, und suchte mit viel Eifer und Konzentration. Sie fand, kam zu mir und brachte mir den Schein. Ich sagte: „Hör zu, wo ein Schein liegt, findest Du ja vielleicht noch mehr!" Zielstrebig schoss sie zu dem Ort, an dem sie gefunden hatte und legte sich genau an dieser Stelle hin. Natürlich bekam sie eine feine Belohnung und freute sich so richtig mit mir zusam-*

Ein „wertvoller" Hund!

men. Das Publikum war höchst beeindruckt und bekam sogar ein bisschen „Ehrfurcht" vor meinem Hund.

Es ist überhaupt nicht schwer, einen Hund diesen für uns Menschen so schwierig erscheinenden Handlungsablauf zu lehren. Die Voraussetzung dafür ist aber immer, dass der Hund freudig, gerne und problemlos Gegenstände sucht, findet und bringt.

Wie kann der Hund diesen Ablauf lernen? Der Hund sitzt wie immer. Wir tragen jetzt nicht einen, sondern zwei Gegenstände weg: einen, den der Hund sehr gerne mag, und einen, der für ihn nicht so viel Bedeutung hat. Wir gehen wieder zum Hund zurück und geben ihm den Auftrag zu apportieren. Er findet und bringt uns natürlich sein bevorzugtes Spielzeug. Wir stecken es ein und fragen, wo er es gefunden habe.

Dabei gehen wir mit ihm in die Richtung des Fundortes und achten darauf, dass der Hund vor uns ist. Dort angekommen, geben wir ihm ein kleines Handzeichen für „Leg dich!" Liegt er, wird er sofort „königlich" belohnt. Wir dürfen am Fundort nie ein scharfes „Platz!" rufen, da sich der Hund dadurch eingeschüchtert fühlt. Sicher wird er uns dann nicht mehr gern ein zweites Mal hinführen, denn er glaubt, er habe etwas falsch gemacht.

Legt sich der Hund nicht gerne hin, so können wir wieder als Hilfsmittel seine Decke verwenden, auf die er sich inzwischen von selbst legt. Wir nehmen sie mit und legen das zu holende Spielzeug darauf. Unser Hund wird seine Beute holen, bringen und dann wieder fast von selbst zur Decke zurück laufen, um sich darauf zu legen. Jetzt loben wir den Hund wie immer kräftig.

Hat er diesen Ablauf verstanden, legen wir statt der Decke den zweiten Gegenstand hin. Der Hund wird sich jetzt beim Zurückführen auch ohne seine Decke hinlegen.

Warum klappt dieses Zurückführen an den Fundort so problemlos? Beobachten wir unsere Hunde gut, so erkennen wir, dass sie von sich aus immer wieder den Ort aufsuchen, an dem sie etwas Fressbares gefunden haben. Sie merken sich die Stelle, an der sie zum Beispiel Pferdeäpfel oder andere „leckere" Dinge wahrgenommen haben, sehr gut und werden bei der nächsten guten Gelegenheit wieder darauf „zurückkommen"! Wir lenken dieses angeborene Verhalten nur in für uns geeignete Bahnen.

Beispiel *Mit meinen vier Hunden ging ich im Wald spazieren. Zwei Hunde waren an der Leine, zwei liefen frei, aber alle waren sie bei mir. Plötzlich kam ein Hase auf uns zugeschossen. In meinem Schreck forderte ich meine Hunde auf, sich sofort zu legen. Der Hase lief nicht nur mir beinahe auf die Füße, sondern auch fast in die lie-*

genden Hunde. Er erschrak und schlug einen so heftigen Haken, dass uns lockere Teile des Waldbodens um die Ohren flogen. Der Hase lief noch etwa zehn Meter, dann fiel er um und rührte sich nicht mehr. Da ich nicht einschätzen konnte, was mit dem Hasen geschehen war, nahm ich ihn – meine Jagdhündin begleitete mich, die anderen warteten – und trug ihn in eine Mulde, wo ich ihn hineinlegte und mit Reisig zudeckte, in der Hoffnung, er befinde sich nur in einem Schock.

Einen Tag später kontrollierte ich und fand den Hasen tot. Meine Jagdhündin lief mindestens noch drei Tage von selbst zu dieser Stelle.

Dieses Kontrollieren des Ortes, an dem der Hund Beute vorgefunden hat und an den er von sich aus wieder zurückkehrt, ist ein Verhalten, das wir bei allen in freier Wildbahn lebenden Hundearten vorfinden. Das ist auch der Grund, warum dieses gezielte Zurückführen zum Fundfort so einfach bei unseren domestizierten Hunden zu trainieren ist. Obgleich diese Handlungskette uns Menschen sehr schwierig er-

1

2

scheint, da sie aus vielen Einzelgliedern besteht, ist sie für den Hund, wie gesagt, relativ einfach zu erlernen und auszuführen. Auch dann, wenn der Hund schon älter ist.

Beispiel *Kaspar, ein zehnjähriger Junge, wünschte sich sehnlichst einen Hund. Er bekam eine vierjährige Jagdhündin unbestimmter Herkunft aus einem Tierheim. Diese Hündin hatte ein entsprechendes Jagdverhalten und durfte nicht frei laufen. Außerdem zeigte sie sich an der Leine anderen Hunden gegenüber sehr unfreundlich. Sie lebte schon fast zwei Jahre bei Kaspars Familie mit all ihren „Untugenden". In einem meiner Seminare lernte ich die Hündin kennen. Sie wirkte lebhaft, interessiert und war sehr verbunden mit ihrer Familie. Da Kaspar sehr viel Freude an seinem Tier hatte und es auch schon einige Kunststücke gelehrt hatte, wollte er unbedingt wissen, wie er ihr das Apportieren und das Zurückführen beibringen könne. Ich erklärte diesem Kind den Aufbau des Apportierens und zugleich, wie er, daran anschließend, den Hund das Suchen einer Person sowie das Zurückführen lehren könne. Dabei hoffte ich, dass diese dynamische, aktive Hündin damit eine sinnvolle Beschäftigung erhielte.*

Zwei Monate später besuchte Kaspar wieder eines meiner Seminare und zeigte mir, was seine Hündin während dieser Zeit alles gelernt hatte. Der Junge versteckte sich tief im Wald. Die Mutter hielt die Hündin zurück. Nach einer Weile gab sie diesem Tier, das eigentlich wilderte, die Erlaubnis zu suchen! Konzentriert und zielstrebig suchte die Hündin Kaspar, fand ihn, nahm ihr Spielzeug in Empfang und brachte es der Mutter. Jetzt erhielt sie einen Futterbeutel, mit dem sie eilig zurück zu Kaspar rannte. Voller Stolz und vor Glück strahlend fütterte er ausgiebig die gelehrige Hündin.

Auch ich freute mich sehr über diesen Erfolg, denn die Hündin erschien mir jetzt viel ausgeglichener als noch zwei Monate zuvor. Dies wurde mir auch von Kaspars Mutter bestätigt. Ebenso hatte sich die Leinenaggression gebessert.

Ein Hund, der seine geistigen Fähigkeiten sinnvoll anwenden darf, hat es oft nicht mehr nötig, seine reichlich

1–3 Die Vorbereitung zum Rettungshund. Eine Person trägt die Spielbeute der Schäferhündin (13 Wochen) weg.

3

vorhandenen Energien in der Ausführung von „Untugenden" zu verbrauchen, sondern kann sie zur Befriedigung von Bedürfnissen und zur Freude seines Menschen sinnvoll anwenden.

SUCHSPIELE NACH „VERLORENEN" GEGENSTÄNDEN ▶ Wir können auch Suchspiele machen, bei denen der Hund den Spazierweg wieder zurücklaufen muss, um einen verlorenen Gegenstand, zum Beispiel einen Handschuh oder ein Taschentuch, zu finden.

Der Vorgang: Wir „verlieren" ein Spielzeug, ohne dass der Hund es bemerkt und laufen mit ihm noch etwa zehn Meter weiter. Dann bleiben wir stehen, drehen uns mit ihm in die Richtung des verlorenen Gegenstandes und bleiben stehen. Der Hund sitzt. Wir machen ihn auf das verlorene Spielzeug aufmerksam, um ihn dann aufzufordern, es zu holen. Läuft er und bringt uns den Gegenstand, loben wir ihn ausgiebig. Allmählich wird der Abstand zwischen dem Gegenstand und

6

4, 5 Sie holt ihr Spielzeug und bringt es zurück.

6 Sie bekommt einen geschlossenen Futterbeutel ...

7, 8 ....den sie zum Fundort zurückbringt ...

9 und dort genießen darf.

9

uns immer größer, so dass der Hund größere Strecken zurücklaufen muss. Das kann man bis zu einem Kilometer ausdehnen. Da der Hund, wenn er zurückgeschickt wird, immer zum Erfolg kommt, wird er diese Aufgabe freudig und zuverlässig ausführen.

Wir können auch z.B. jedes Mal wenn wir vorhaben, einen Gegenstand zu verlieren, den Hund eng bei uns laufen lassen und sozusagen für das gehorsame „Bei mir Laufen" ihn als Belohnung zurückschicken und die Beute

holen lassen. Unser Hund wird sich, im Gegensatz zum Alltag, freuen, wenn er eng bei uns laufen darf!

Auch hier können wir noch eine Variation einbauen. Wir schicken den Hund zurück. Während er den Gegenstand holt, laufen wir in der ursprünglichen Richtung langsam voraus. Jetzt muss uns der Hund überholen und uns aufhalten, um uns den Gegenstand übergeben zu können. Diese für Hunde ungewöhnliche Situation stellt für sie kein Problem dar. Sie überholen ihren Menschen, halten ihn auf, als sei es selbstverständlich, und geben ihm ihre Beute ab.

Beispiel *Ein so trainierter Hund machte wie jeden Tag mit seinem Menschen einen Spaziergang, Es gab nichts Aufregendes und jeder hing seinen Gedanken bzw. seinen Gerüchen nach. Doch plötzlich kam der Hund, lief seinem Menschen in den Weg und brachte ihn so zum Stoppen. Dieser blieb verwundert stehen, denn jetzt setzte sich der Hund auch noch vor ihn. Erstaunt fragte er ihn, was denn los sei. Dann entdeckte er, dass der Hund etwas im Fang hielt. Er forderte ihn mit einem freundlichen „Schenk's mir!" auf, dieses kleine „Etwas" abzugeben. Wie erstaunt war er, als der Hund ihm fünf zu einer Rolle zusammengelegte Hundert-Mark-Scheine in die Hand abgab. Sollte nicht doch jeder Familienhund das Apportieren lernen?*

Ein verlorenes Handy kann teuer werden!

Eine weitere Übungsvariante: Wir „verlieren" einen Gegenstand am Auto. Bevor wir einsteigen, lassen wir unseren Hund erst einen „Kontrollgang" um das Fahrzeug machen. Er wird eifrig suchen und beispielsweise den Autoschlüssel oder unser Handy finden. Auf diese Weise haben wir wiederum eine Situation geschaffen, in welcher der Hund, verlieren wir öfters etwas in der Nähe unseres Autos, selbständig ohne Auftrag eine positive Handlung ausführt und seinen Menschen dabei einbezieht. Das bedeutet, dass der Hund uns als „Teampartner" anerkennt und uns vielleicht als echtes „Rudelmitglied" empfindet.

Manchmal musste ich erleben, dass ein Hund, der das Apportieren mit negativen Körpereinwirkungen erlernt hatte, zwar die Handlung perfekt ausführte, dabei jedoch nur die Ausführung des Apportierablaufs ritualisierte und seinen Menschen nicht als Teammitglied einbezog.

Diese Hunde hatten gelernt, einen Gegenstand zu holen, zu bringen und sich mit der Beute perfekt vor ihren Menschen zu setzen. Sie hatten „vorzusitzen". Anschließend mussten sie die Beute so lange im Fang behalten, bis sie aufgefordert wurden, sie abzugeben. Um die Selbständigkeit dieser Hunde zu testen, forderte ich den Menschen auf, seinen Hund zum Apportieren zu schicken, und während der Hund seinen Auftrag erfüllte, sollte er wie immer auf der Stelle ruhig stehen bleiben, aber dem Hund den Rücken zuwenden. Der Hund kam mit seiner Beute an und schien diese ungewöhnliche Situation gar nicht zu registrieren. Er setzte sich wie immer so, als stünde sein Mensch mit dem Gesicht zu ihm.

Der Hund saß dem Rücken vor und blickte erwartungsvoll seinen Menschen von hinten an!

Eine weitere Möglichkeit, unserem Hund Lebensfreude über das Apportieren zu schenken, sind Übungen, die ihn zum schnellen Rennen animieren.

Unser Hund sitzt wie immer: Wir gehen mit seiner Beute etwa zehn Meter vor ihn, bleiben deutlich stehen, wenden uns dann im rechten Winkel und laufen etwa dreißig Meter weg. An das Ende legen wir die Beute. Wir laufen den gleichen Weg bis zu dem Ort zurück, an dem wir vorher gestanden haben. Jetzt rufen wir den Hund zu uns und weisen ihn mit einer Handbewegung an, in die Richtung zu laufen, in der die Beute liegt. Der Hund wird seinen Auftrag schnell erfüllen. Nach ein paar Wiederholungen tun wir nur noch so, als legten wir die Beute ab. Wir laufen den Weg zurück und gehen weiter in die entgegengesetzte Richtung. Erst dort legen wir die Beute hin. Wir gehen wieder an unseren Ursprungsort, rufen unseren Hund und schicken ihn zuerst in die Richtung, in der sich keine Beute befindet und dann in die Richtung, in der er sie finden kann. Hat er das verstanden, beginnen wir immer häufiger, den Hund zurückzurufen und in die entgegen gesetzte Richtung zu schicken. Schließlich behalten wir, für den Hund nicht erkennbar, die Beute in der Hand und legen sie erst dann, wenn der Hund korrekt in die Richtungen läuft, die wir ihm weisen. So können wir genau dann den Hund zum Erfolg kommen lassen, wenn er seine Aufträge besonders gut ausführt.

Die hohe Schule bei dieser Aufgabe ist erreicht, wenn der Hund auf den Ruf „Kehr um!" auch wirklich umkehrt

oder sich, ist er im schnellen Lauf, über Hörzeichen wie „Sitzen!" , „Leg dich!" oder „Anhalten!" bremsen lässt und auch wirklich das entsprechende Hörzeichen ausführt.

Kann er das, wird er sich auch bei einem Hasen oder bei ähnlicher „echter" Beute, zum Beispiel einem Jogger, anhalten lassen. Er lernt, auch bei schnellem Lauf, bei dem der Hund oft den Kontakt zu seinem Menschen verliert, die Verbindung zu ihm trotzdem zu halten.

Beispiel *Meine Deutsch-Langhaar-Hündin, die genauso wie beschrieben ausgebildet worden war, ging mit mir spazieren. Plötzlich sah ich vier Rehe aus dem Wald kommen und über eine weite Wiese und in meine Richtung rennen. Ich rief meiner Hündin aus der Entfernung ein „Leg dich!" zu. Sie gehorchte und lag. Inzwischen kamen die Rehe immer näher und rannten kopflos (sie wurden von einem anderen Hund gehetzt) auf meine Hündin zu. Diese sah, so liegend und mit ihrem dunkelbraunen Fell, für die Rehe offensichtlich wie ein Maulwurfshügel aus. Auf jeden Fall rannten die Rehe zielstrebig auf den Hund zu und sprangen über ihn hinweg. Die Hündin blieb liegen! Als ich mich von meinem Schreck erholt hatte, konnte ich der Hündin meines Erachtens gar nicht genügend meine Freude über diese folgsame Handlung ausdrücken. Ein ausgiebiges Beutespiel war die Belohnung.*

SUCHSPIELE IM WASSER ▶ Haben wir einen Weiher oder See zur Verfügung und schwimmt unser Hund gern, so können wir ganz ähnliche Übungen mit schwimmender Beute durchführen. Zunächst lassen wir den Hund sitzen und warten. Wir werfen die

Die hohe Schule des Apportierens:

1, 2 Der Hund lernt, den Richtungsweisungen zu folgen, ...

3 ... aus dem schnellen Lauf anzuhalten, ...

4, 5, 6 ... weiter zu laufen und seine Belohnung zu finden ...

7, 8, 9 ... und sei-
nen Menschen frei-
willig wieder in
seine Handlung ein-
zubinden.

Beute ins Wasser, gehen zu ihm und fordern ihn auf, die Beute zu holen. Das wird er genau so schnell und gern ausführen wie auf dem Land. Dann werfen wir die Beute so, dass er nicht sehen kann, wo sie hingefallen ist und schicken ihn, die Richtung weisend. Zunächst lassen wir ihn schnell finden, später schicken wir ihn in verschiedene Richtungen. Das hat er bereits auf dem Land gelernt. Natürlich wird der Hund immer zum Erfolg geführt, bevor er ermüdet.

SUCHSPIELE MIT MEHREREN GEGEN-STÄNDEN ► Wir können sowohl im Wasser als auch auf dem Land unser Training mit mehreren „Beutegegenständen" variieren. Der Hund darf gezielt den einen und dann den anderen Gegenstand suchen, finden und bringen. Er soll aber immer nur den Gegenstand bringen, zu dem wir ihn deutlich schicken. Auf diese Weise findet er wieder Gelegenheit, seinen Menschen in seine „Arbeit" mit einzubeziehen. Er bleibt mit uns verbunden und erfüllt seine Aufgabe als Teampartner. Diese Trainingsvariante wird ihn ohne großen Aufwand so fördern, dass er jede Bringleistungsprüfung (zum Beispiel in den Retrieverclubs) mit Freude und Leichtigkeit bestehen kann. Meine Retrieverhündin hatte im Alter von drei Jahren noch nie einen Hasen oder ein Kaninchen im Fang gehabt. Ich schickte sie, drei Kaninchen, die natürlich nicht lebten und für diesen Zweck präpariert waren, im Wald zu suchen und zu bringen. In kürzester Zeit brachte sie mir alle drei Tiere, saß jedes Mal vorschriftsmäßig vor und wartete, bis ich sie aufforderte, mir die Tiere zu geben.

Wir könnten in der Jagdhundeausbildung unendlich viel echtes „Tiermaterial" sparen, wenn wir die Hunde gründlich mit Gegenständen auf ihren jagdlichen „Dienst" vorbereiten würden. Sie sollten, wie beschrieben, im ersten Lebensjahr die grundlegenden Verhaltensformen erlernen und mit Freude, hoch motiviert, sowohl auf dem Land als auch im Wasser, ihre Apportieraufgaben erfüllen. Kurz vor dem Ablegen der Brauchbarkeitsprüfung, die für Jagdhunde vorgeschrieben ist, werden sie dann an die „echte Beute" herangeführt. Da diese Beute einen erheblich höheren Stellenwert für die Motivation eines Hundes darstellt als Übungsgegenstände, geschieht die Umstellung, ohne Tiere verschleissen zu müssen, problemlos.

Alle Hunde apportieren gern. Tun sie es nicht, haben wir Menschen zu irgend einem Zeitpunkt ein Missverständnis entstehen lassen, so dass der Hund gelernt hat: „Beute ist verboten" oder „Beute ist unangenehm!"

► Übungen für das Suchen mit tiefer Nase

Wenn ein Wolf hungrig wird, muss er sich überlegen, wie er an Beute kommt. Er beginnt trabend, mit „halb hoher Nase", sein Revier zu durchlaufen. Plötzlich bekommt er Wind von einer Beute, das heißt, er registriert: „Hier hat sich ein Beutetier aufgehalten oder es hält sich noch auf!"

Mit hoher Nase verfolgt er den „Geruchswind". Wir Menschen bezeichnen dieses Verhalten als „stöberndes Suchen". Jetzt findet der Wolf zum Beispiel den Ruheplatz des Beutetieres. Er untersucht diesen und findet heraus, wie und in welche Richtung das Tier gelaufen ist. Mit tiefer Nase verfolgt er diese Spur, er nimmt also die Fährte auf.

Diese unterschiedlichen Verhaltensformen bei der Beutesuche machte sich der Mensch zunutze und formte über die Selektion Spezialisten. Ein besonders auffälliger Spezialist als Fährtenhund ist der Bluthund, dem ungeheure Leistungen in der Fährtensuche nachgesagt werden.

In jedem unserer Haushunde sind die diversen Verhaltensformen für das Suchen und Finden von Beute genetisch verankert, so dass jeder Hund diese Fähigkeiten hat. Auch der Spezialist für die Fährtensuche ist imstande, mit hoher Nase stöbernd zu suchen. Sein Talent liegt jedoch mehr in der einen oder anderen Richtung. Entsprechend wird er, wie das auch bei uns Menschen der Fall ist, in einem Gebiet höhere Leistungen erzielen können als in dem anderen.

So bin ich der Meinung, dass wir uns mit unserem Familienhund jederzeit an die Übungen mit tiefer Nase heranwagen können. Bei diesem Training lernt der Hund, mit höchster Konzentration zu arbeiten.

Der Vorgang: Wie immer sitzt unser Hund und beobachtet uns. Wir entfernen uns etwa eineinhalb Meter von ihm und betrachten uns intensiv das Gelände, damit wir genau wissen, wie wir die Fährte legen werden. Für den Anfängerhund gehen wir zunächst etwa dreißig Meter geradeaus vom Hund weg und weiter im rechten Winkel wieder etwa dreißig Meter. Wir lassen am Ende der Fährte die Lieblingsbeute des Hundes fallen und gehen unbedingt noch etwa zehn Meter weiter. Dann laufen wir im Bogen nicht zum Hund,

sondern zum Anfang der Fährte zurück. Wir verweilen einige Zeit an der Anfangsstelle und untersuchen sie. Der Hund wird uns interessiert beobachten und in hohe Spannung geraten. Ist er sehr angespannt und aufmerksam, rufen wir ihn zum Fährtenanfang, so als bräuchten wir seine Hilfe. Sobald er neugierig kommt, treten wir ein wenig zur Seite und überlassen ihm den Ort zur Inspektion. Wir sollten ihn jetzt nicht ansprechen, damit er sich ungestört orientieren kann. „Ganz nebenbei" heben wir die Leine auf und bleiben immer noch ruhig stehen. Erst wenn der Hund die Fährte annimmt, lassen wir uns von ihm führen. Manchmal verstehen die Hunde zunächst nicht, wie sie sich in dieser Situation verhalten sollen. In diesen Fällen gehen wir einfach ein Stück auf der Fährte vorwärts und bleiben dann erneut ruhig stehen. Meistens übernimmt der Hund daraufhin die Spur und verfolgt sie weiter. Tut er es nicht, gehen wir wieder ein Stück mit ihm zusammen vorwärts und warten ruhig. Dabei kommen wir manchmal schon zur Beute, obwohl der Hund nicht mit tiefer Nase gesucht hat. Trotzdem loben wir ihn und belohnen ihn auch. Der Hund verbindet zumindest mit der für ihn ungewohnten Situation ein Finden von Beute. Wir legen sofort wieder eine Fährte und verfahren in der gleichen Weise. Dieses Mal wird der Hund wesentlich interessierter sein, weil er die Freude über das Finden seiner Beute hatte. War er bei dieser Wiederholung gut, beenden wir die Übung für diesen Tag. Hat er noch nicht ganz verstanden was er tun soll, geben wir ihm noch einen Durchgang und hören dann aber auf. Meine Schüler sind immer tief beeindruckt und stolz, wie schnell ihr Hund versteht, mit tiefer Nase seine Beute zu suchen.

Sobald der Hund den Ablauf verstanden hat, steigern wir Länge sowie Anzahl der Richtungsänderungen. Wir werden allmählich beginnen, die Fährte nicht sofort suchen zu lassen, sondern zeitliche Abstände vom Legen bis zur Suche zu schaffen. Erfahrungsgemäß sucht der Hund konzentrierter, wenn die Fährte zwei Stunden oder länger liegt.

Jagdhunde sind in der Lage, eine Schweißfährte (ein verletztes Tier verliert Blut, in der Jägersprache spricht man dann von „Schweiß") noch nach vierzig Stunden zu verfolgen.

Driftet der Hund von der Fährte ab, weil er etwas Interessanteres in die Nase bekommen hat, bleiben wir einfach stehen und warten. Löst er die Spannung, und kommt in unsere Nähe, nehmen wir die Leine an, so dass der Spielraum zwischen ihm und uns geringer wird. Hat er die Fährte wieder angenommen, beobachten wir, ob er dabei bleibt und folgen dem Hund dann langsam nach. Sobald er verstanden hat, dass er auf diese Weise zu seiner Beute kommt, wird er die Übungen mit Freude ausführen.

Übungen für kleine Kunststücke

Auch wenn wir keinen Spaziergang machen, können wir unseren Hund im Haus oder Garten beschäftigen. Es sind unseren Einfällen keine Grenzen gesetzt. Auch hier gilt wie in allem, was wir mit unserem Hund gemeinsam unternehmen, der Grundsatz: Wir fördern Verhaltensweisen, die der Hund von

sich aus zeigt und lenken sie in bestimmte Bahnen. Dabei verzichten wir auf jeglichen Zwang. Wir achten dabei allerdings immer darauf, dass es für unseren Hund ganz deutlich wird, wann eine Übung beginnt und wann sie beendet ist. Bevor wir mit einem Kunststück beginnen, sollte er grundsätzlich zuerst sitzen und aufmerksamen Kontakt mit uns aufnehmen. Ist die Übung fertig, sollte er wieder sitzen und warten, bis wir ihn frei geben.

Einige Beispiele

▸ Wir verstecken Beute in einem Karton, den der Hund finden und anschließend öffnen muss.

▸ Wir legen Beute unter ein Bettlaken oder in einen Schuh.

▸ Wir haben für verschiedene Gegenstände, die der Hund gerne apportiert, unterschiedliche Begriffe. Der Hund soll lernen, die Begriffe den entsprechenden Gegenständen zuzuordnen. Um dies dem Hund verständlich zu machen, legen wir zunächst nur zwei Dinge hin. Vielleicht einen Schuh und einen Ball. Jetzt schicken wir ihn und sagen deutlich die Bezeichnung des Gegenstandes. Bringt er den „Richtigen", wird er sehr gelobt, nimmt er den „Falschen" verhalten wir uns neutral. Bald weiß der Hund die Begriffe richtig einzuordnen. Dann legen wir einen dritten Gegenstand dazu. Es ist unendlich spannend, wie viele Gegenstände der Hund eindeutig den Begriffen zuordnen kann. Das ist sicher nicht bei jedem Hund gleich.

▸ Der Hund soll lernen, Kaffeebohnen zu suchen. Da sie sehr klein sind, haben wir gute Möglichkeiten, sie schwierig zu verstecken. Dazu präparieren wir

begehrtes Spielzeug mit einer Kaffeebohne und verstecken es. Sucht er dieses gut und ist sehr interessiert, diese Aufgabe zu erfüllen, muss er lernen, dass er nur das Spielzeug suchen soll, das nach Kaffee riecht. Wir üben dies und legen ihm zwei gleichwertig beliebte Spielzeuge hin: eines mit und eines ohne Kaffeebohnengeruch. Nimmt er das „Richtige" auf, freuen wir uns überschwänglich. Bringt er das Spielzeug ohne Geruch, verhalten wir uns neutral und wiederholen die Übung. Bald erkennt der Hund, dass sich sein Mensch offensichtlich nur über die Beute mit Kaffeeduft freut. Also wird er sich immer öfter für diese entscheiden. Bringt der Hund nur noch die präparierte Beute, stecken wir die Kaffeebohne ohne Spielzeug in eine kleine Tüte oder ein Filmdöschen. Das üben wir solange, bis der Hund zuverlässig nach diesen kleinen Kaffeegegenständen sucht. Jetzt haben wir wieder verschiedene Möglichkeiten zu entscheiden, wie der Hund uns mitteilen soll, wo er gefunden hat. Soll er den Fundort ver-

bellen, soll er uns holen und ihn uns zeigen oder soll er uns die Kaffeebeute bringen? Wie wir das entsprechende Verhalten aufbauen, haben wir schon bei den Übungen des Apportierens erfahren.

Lebensfreude pur!

Sowohl im Haus als auch im Garten können wir Übungen durchführen, bei denen der Hund erst Hindernisse überwinden muss, um an das Ziel zu gelangen.
▸   Er lernt beispielsweise eine Schublade aufzuziehen. Wir legen ein beliebtes
Spielzeug in diese Schublade und
schließen sie nicht ganz, so dass er
stark motiviert ist, mit seiner Schnauze
in diesen Spalt zu gelangen. Versucht
er es, helfen wir ihm zunächst, zum Erfolg zu kommen. Jetzt versteht er, dass

**Ein bequemes
Leben für den Men-
schen – aber mit
Verpflichtungen:
„Nach dem Lesen
bitte einen Spazier-
gang!"**

sich die Schublade öffnen lässt, also wird er immer intensiver versuchen sie selbst zu öffnen. Wollen wir, dass er den Griff mit den Zähnen fasst, um zu öffnen, werden wir dieses Verhalten stärken. Soll er seine Pfote dazu benut-

zen, verstärken wir dieses Verhalten. Ist es dem Hund gelungen, die Schublade zu öffnen, so kann er sich selbstständig seine Belohnung herausholen. Dieser Erfolg genügt uns jedoch noch nicht ganz. Wir möchten die Spielbeute korrekt gebracht bekommen. Denken wir immer daran, dass es keine Übung geben soll, in die der Hund seinen Menschen, seinen sozialen Partner, nicht mit einbezieht.

▸ Wir können ganze Handlungsketten aneinander fügen, wenn der Hund beispielsweise die Zeitung holen soll.

▸ Eine schwierigere Übung ist es, unseren Hund nicht nur Gegenstände bringen zu lassen, sondern sie auch wieder zu einem Behälter zurück tragen und hineinlegen zu lassen.

3

6

7

▶ Der Hund kann lernen herauszufinden, in welcher Hand wir eine Euro-
münze halten. Zunächst nehmen wir ein
Leckerchen in die Faust und stellen beide
zur Faust geballten Hände dem Hund
zur Wahl. Er muss lernen, seine Pfote auf
die Hand zu legen, die das Leckerchen
hält. Wir öffnen die Faust und er darf sich
seine Belohnung nehmen. Hat er das gut
verstanden, nehmen wir einen kleinen

Gegenstand, der jedoch größer als ein
Euro ist, in die Faust und lassen ihn
wählen. Legt der Hund die Pfote auf die
entsprechende Hand, wird er gelobt und
bekommt seine Belohnung hinterher, so
wie das sonst auch der Fall ist. Erst wenn
er das fehlerfrei herausfindet, nehmen
wir den Euro. Wir können natürlich allmählich zu immer kleineren Münzen
übergehen.

Das Unterscheiden verschiedener Gegenstände, die dann in den Korb zurückgelegt werden.

3 **4**

7

▶ Hat der Hund gelernt, seine Pfote auf unsere Hand zu legen, können wir das ausnützen, um ihn „winken" zu lassen. Sowie er seine Pfote auf unsere Hand legt, ziehen wir sie weg. Daraufhin nimmt auch er seine Pfote zurück. In diesem Augenblick halten wir ihm unsere Hand wieder hin, er wird seine Pfote erneut darauf legen wollen. Jetzt wird er belohnt. Diese Übung wird ein

paar Mal wiederholt, bis der Hund das Heben und Senken der Pfote ohne unsere Hand ausführt. Es genügt ein kleines Signal, das wir vielleicht nur noch mit dem Zeigefinger geben.

▶ Diese Übung können wir auch dazu verwenden, unseren Hund „rechnen" zu lassen. Kann er das Heben und Senken der Pfote, stellen wir ihm eine Rechenaufgabe, die er scheinbar löst. In

1, 2 „In welcher Hand ist der Euro?"

3–5 Wir lernen das „Zählen" oder das „Winken".

1– 4 Ein Schniefen genügt, und man bekommt sein Taschentuch!

Dieser Hund springt gerne hoch, und so lernte er das „Tanzen".

Wirklichkeit richtet er sich nach einem von uns gegebenen kleinen Signal, das natürlich der „Zuschauer" nicht wahrnehmen soll! Er zählt so lange, bis er die „Aufgabe" gelöst hat und wir unser Zeichen einstellen.

▸ Aus all diesen kleinen Kunststückchen können wir jeweils eine kleine Geschichte formen. Wir lassen unseren Hund aus unserer Hosentasche ein Taschentuch, das mit einem kleinen Zipfelchen zu sehen ist, herausziehen. Hat er das getan, soll er sich vor uns setzen und es uns übergeben. Dies ist eine ganz einfache Übung. Jetzt dramatisieren wir sie. Wir schniefen ein wenig und signalisieren unserem Hund damit, dass er das Taschentuch herausholen soll. Er holt es und übergibt es uns. Sogleich sind wir hoch erfreut und tun so, als ob er von selbst unsere Erkältung bemerkt hätte!

▸ Eine oft erheiternde Übung ist das Suchen und Tragen eines rohen Eies. Für die Übungen allerdings verwenden wir, um kleine Malheurs zu vermeiden, zunächst ein kleines geschlossenes Filmdöschen. Der Hund muss zuerst lernen, einen kleinen Gegenstand im Fang zu behalten, ohne darauf zu kauen. Hat er das gut umgesetzt, dann starten wir unseren ersten Versuch. Hierbei ist es ratsam, vorsichtshalber mit einem gekochten Ei anzufangen. Kann er das, dann gehen wir über auf das Tragen eines rohen Eies.

▸ Wir können auch Bewegungsabläufe mit unserem Hund üben. Solche Übungen führen besonders gerne kleine, schlanke Hunde aus. Wir lassen zum Beispiel den Hund auf zwei Beinen laufen. Dazu brauchen wir nur unsere Hand, mit einem Spielzeug darin, hochzuheben. Neugierig verfolgt der Hund diese Bewegung. Sowie er sich auf zwei Beine stellt, bekommt er das Spielzeug. Kann er das, warten wir ein wenig länger. Bleibt er kurz auf zwei Beinen stehen, gehen wir nur ein wenig auf ihn zu. Macht er die Bewegung mit, bekommt er sein Spielzeug. Allmählich führt er zwei, dann drei Schritte aus usw. Nach kurzer Zeit genügt zur „Aufforderung zum Tanz" nur noch unsere Bewegung mit der Hand. Es fällt einem Hund leichter,

Dieses Kind (5 Jahre) hat das Vertrauen der Hunde und wird anerkannt.

rückwärts auf zwei Beinen zu laufen als vorwärts. Wir können ihm in gleicher Weise das Tanzen beibringen. Dazu brauchen wir nur, wenn der Hund auf zwei Beinen steht, eine drehende Bewegung mit unserer Hand auszuführen.

► Sehr schnell erlernt der Hund auf der Stelle zu „schlafen". Dazu lassen wir ihn zunächst sich legen. Mit einer Hand klopfen wir hinter dem Kopf auf den Boden und zwar auf der Seite des Rückgrates, da er sonst nicht auf die Seite fallen kann. Liegt er ganz ruhig, „erwecken" wir ihn mit einer schnellen Bewegung und gehen rückwärts vom Hund weg. Besonders amüsant ist es, wenn sich der Hund auch noch zudeckt. Dazu legen wir ihm eine Decke auf die Hinterläufe und fordern ihn auf, die Decke zu greifen. Das ist nicht schwer, wenn ein Hund gelernt hat zu apportieren. Jetzt muss er nur noch ler-

nen, sich wieder auf die Seite zu legen, während er die Decke im Fang hat.

Gedanken zum Schluss

Jeder Hundebesitzer steht für seinen oder seine Hunde in eigener Verantwortung. Er entscheidet darüber, was mit seinem Hund geschieht und nicht der Ausbilder oder sonst ein „Hundepsychologe" oder „Hundetherapeut". Sich bei kompetenten Fachleuten Rat zu holen, ist ein gutes Zeichen für das Verantwortungsbewusstsein des Hundefreundes, wenn er ein Problem seines Hundes nicht selbst lösen kann. Es ist für einen unbedarften Hundefreund jedoch unendlich schwierig zu ermessen, ob die Kompetenz des Befragten auch wirklich zu einem kompetenten Rat führt. Das Angebot der hundekundigen „Fachleute" hat ein enormes Ausmaß angenommen. Daher sollte der

Auch ein Hund kann mitteilen, wenn er friert.

Zusammenfassung

Für das Zusammenleben von Hund und Mensch müssen zwei Bedingungen erfüllt werden. Der Hund muss die Ordnung in der Gemeinschaft des Menschen lernen, anerkennen und respektieren. Der Mensch muss ebenso die Ordnung in der Gemeinschaft von Hunden kennen und akzeptieren. Dabei stellt sich die Frage, ob diese Forderungen miteinander zu vereinbaren sind. Für alle in sozialen Verbänden lebenden Tiere gilt ein Gesetz ohne Einschränkung: es muss die individuelle Distanz des „Anderen" gewahrt werden. Damit werden Achtung und Respekt untereinander eindeutig gezeigt. Dieses Gesetz regelt in gleicher Weise auch die soziale Ordnung unter den Menschen. Daher steht Verständigung und Regelung der sozialen Ordnung im Zusammenleben von Mensch und Hund grundsätzlich nichts mehr im Wege.

Weder die individuelle Distanz noch deren Einhaltung ist genetisch festgelegt, sondern sie unterliegt einem Lernprozess, der in einem bestimmten Zeitraum abgeschlossen sein muss. Dieser allerdings ist genetisch fixiert. Bei unseren Hunden fällt dieser Zeitabschnitt in die Phase der Eroberung der Umwelt. Eine Zeit, die durch besonders ausgeprägte Lernfähigkeit des Tieres gekennzeichnet ist. Mit dieser intensiven Lernbereitschaft ist die Möglichkeit einer außerordentlich breit gefächerten Anpassung an die gegebenen Lebensumstände verbunden. Diese Fähigkeit, sich anzupassen, ermöglicht dem Hund, sich in die Lebensgemeinschaft des Menschen zu integrieren. Wir Menschen sollten die intensive Lernfähigkeit in dieser vorgegebenen Zeit verwenden, um unseren Hund die Verhaltensweisen zu lehren, die er von sich aus nicht zeigen würde. Sie sind nicht nur für das Zusammenleben von Mensch und Hund unerlässlich, sondern sie bilden auch die Grundlage für jede weitere Beschäftigung mit dem Hund.

Da der Hund im Allgemeinen als Welpe aus seiner hundlichen Gemeinschaft herausgenommen und in den menschlichen Lebensbereich hinein genommen wird, tragen wir Menschen die Verantwortung für das Wohlergehen des Hundes. Der Mensch muss für die Geborgenheit und die Geselligkeit sorgen, damit sich das Vertrauen des Tieres zum Menschen entwickeln kann. Das ausgeprägte, soziale Bedürfnis erleichtert uns einerseits den Umgang und die Förderung der vielseitigen Talente des Hundes. Andererseits verpflichtet es uns, auf die Bedürfnisse und die Individualität eines Hundes Rücksicht zu nehmen. Die Ausbildungsmethoden müssen so gewählt werden, dass der Hund versteht, was der Mensch von ihm möchte. Sie sollten in die sozialen Aktionen des Hundes eingepasst werden und dürfen daher nicht mit negativen Körpereinwirkungen verbunden sein. Diese verängstigen den Hund und führen zu entsprechenden, psychisch belasteten Reaktionen. Der Mensch muss sich für den Hund über das Vertrauen zu einer anerkannten Autorität entwickeln, die respektiert und geachtet wird.

Die Resozialisation eines Hundes kann zu gutem Erfolg führen, wenn er in der Zeit der Eroberung der Umwelt auf den Menschen geprägt worden ist. Für die Beschäftigung mit dem Hund verwendet der Mensch die in der Motivation stark ausgeprägten Verhaltensweisen des Tieres. Auf der einen Seite werden Handlungen verhindert, da sie für das Zusammenleben mit dem Menschen nicht tragbar sind. Auf der anderen Seite werden sie jedoch so in Bahnen gelenkt, dass sie dem Hund in seinen Bedürfnissen gerecht werden und für den Menschen oft von großem Nutzen sein können und ihm Freude bereiten. Die Sorge mancher Hundefreunde, ihren Hund zum fragwürdigen „Zirkushund" zu degradieren, ist unberechtigt, da jede Beschäftigung mit dem Hund, wenn sie ohne Zwang geschieht, immer mit positiver Zuwendung verbunden ist und somit dem sozialen Bedürfnis des Hundes sehr entgegen kommt. Damit wird wiederum die Bindung zwischen dem Menschen und seinem Hund gefestigt und gestärkt.

Hundefreund jeden Rat genau überprüfen und kritisch hinterfragen, ob er das seinem Hund antut oder es lieber lässt.

Das Verantwortungsbewusstsein eines Hundefreundes beschränkt sich jedoch nicht ausschließlich auf den einfühlsamen Umgang mit seinem eigenen Hund. Rücksichtnahme und Sensibilität sollten auch die Mitmenschen erfahren, die mit seinem Hund konfrontiert werden.

Begegnen wir beispielsweise einem Menschen, sollte es eine Selbstverständlichkeit sein, unseren Hund entweder an die Leine zu nehmen oder ihn über ein Signal daran zu hindern, Kontakt mit dem Anderen aufzunehmen. Es spielt keine Rolle, ob der Hund mit freundlichen oder ablehnenden Absichten an diesen Fremden herangeht. Nicht jeder Mensch fühlt sich bei einer Begegnung mit einem Hund wohl. Welche Gründe er dafür hat, sollte für den Hundefreund keine Rolle spielen. Kommt es trotzdem zu einem ungewollten Zusammentreffen, so wäre wenigstens eine Entschuldigung von Seiten des Hundebesitzers angebracht.

Auch wenn unser Hund freundlich ist, lassen wir ihn nie zu fremden Kindern, da wir deren Reaktionen nicht einschätzen können. Selbst wenn wir von den Erziehungsberechtigten dazu aufgefordert werden, den Kontakt zu erlauben, halten wir unseren Hund auf Distanz. Sowohl der Hund als auch das Kind könnten durch unerwartete Bewegungen für beide Seiten nachteilige Reaktionen auslösen.

Ebenso gehört es zum rücksichtsvollen Umgang, den eigenen Hund nicht zum Hund eines anderen Hundefreundes laufen zu lassen, wenn dieser seinen Hund an der Leine führt oder bemüht ist, das Tier zurückzuhalten und gehorsam bei sich zu behalten. Die Bemühungen des Hundefreundes werden ignoriert und mit lapidaren Argumenten wie „Mein Hund tut nichts" oder„ Lassen Sie Ihren Hund doch frei, das muss er lernen!" abgetan. Hier ist aber nicht die Frage, ob der frei laufende Hund friedlich ist oder nicht. Es geht darum, dass der andere Hundefreund seine Gründe dafür haben wird, warum er den Kontakt mit einem fremden Hund jetzt nicht möchte. Der Wunsch des Anderen sollte kommentarlos respektiert werden.

Sind bei einer Begegnung beide Hunde angeleint, so sollten wir sie nie gegenseitigen Kontakt aufnehmen lassen. Meistens hängen sie ziehend in der Leine, um zu dem Anderen zu kommen. Bedingt durch den ständigen Zug an der Leine entstehen häufig unnötige Auseinandersetzungen oder Raufereien. Es gilt bei allen Hundebegegnungen die Regel: entweder sind alle Hunde frei, oder sie sind alle angeleint. Dann allerdings dürfen Sie keinen Kontakt zueinander aufnehmen.

In „Sachen Hund" ist der Mensch zur Zeit sehr empfindlich und unberechenbar geworden. Genau aus diesem Grund sind wir Hundebesitzer gefordert, sehr deutlich darauf zu achten, dass unsere Hunde ihren Artgenossen und unseren Mitmenschen wohlerzogen, freundlich und souverän begegnen. So einfühlsam und rücksichtsvoll wie wir lernen, mit unserem Hund umzugehen, so rücksichtsvoll und einfühlsam sollten wir auch versuchen, unseren Mitmenschen zu begegnen. Nur so kann es uns gelingen, den Hund zu rehabilitieren und in unsere Gesellschaft wieder harmonisch zu integrieren.

Eine weitere Ursache für die deutlich zunehmende Hundefeindlichkeit in unserer Gesellschaft liegt in dem Mangel an fundiertem Wissen über das Verhalten von Hunden. Wir können beispielsweise über das Verhalten von Mäusen, Ratten oder Eintagsfliegen exakte, wissenschaftlich fundierte Informationen erhalten. Bei unseren Haustieren reduzieren sich diese schon deutlich, bei Hunden und Katzen jedoch beschränken sie sich auf ein Minimum. Dafür entstanden aber um so mehr abenteuerliche Interpretationen von Verhaltensweisen des Hundes, die jeglicher Grundlage entbehren.

Das geschulte Auge des Menschen, welches die feinen Gesten unseres Hundes erkennt, die exakte Interpretation des wahrgenommenen Verhaltens und schließlich die entsprechend sensible sowie fein abgestimmte Reaktion von uns Menschen auf das gezeigte Verhalten werden den Umgang mit dem Hund bestimmen. Das Ziel, mit unserem Hund so zusammen zu leben, dass er sich wie ein „Hund" fühlt, haben wir dann erreicht, wenn unsere Familie für ihn den echten Familienverband, das Rudel, ersetzen kann. Über die Beschäftigung mit dem Hund steigern wir nicht nur dessen Lebensfreude, sondern wir steigern auch unsere eigene Lebensqualität. Jeder Erfolg, den unser Hund bei der Lösung oder Ausführung einer Aufgabe erzielt, ist auch ein Erfolg für uns Menschen. Mit kluger Überlegung und sensiblem Umgang ist es uns gelungen, den Hund für jeden „Beruf" vorzubereiten, sei es beispielsweise zum Rettungshund, Fährtenhund, Jagdhund, Assistenzhund oder begleitenden Therapiehund. Der größte Erfolg für den Menschen ist es jedoch, mit seinem Hund ein echtes Familienmitglied gewonnen zu haben, das alle „Berufe", je nach Talent und Persönlichkeit, gleichermaßen in der Familie ausübt und diese damit um vieles reicher macht.

Service

Zum Weiterlesen

Coren, Stanley: Die Geheimnisse der
    Hundesprache. So lernen Sie Ihren
    Hund verstehen und mit ihm zu
    kommunizieren. Kosmos, Stuttgart
    2002.
Feddersen-Petersen, Dorit: Hundepsy-
    chologie. Wesen und Sozialverhal-
    ten. Kosmos, Stuttgart 2003.
Krämer, Eva-Maria: Der neue Kosmos-
    Hundeführer. Mit 338 FCI-Rassen
    und 100 zusätzlichen Rassen. Kos-
    mos, Stuttgart 2002.
Lausberg, Frank: Erste Hilfe für den
    Hund. Kosmos, Stuttgart 1999.
Otterstedt, Carola: Tiere als therapeuti-
    sche Begleiter. Gesundheit und Le-
    bensfreude durch Tiere – eine prak-
    tische Anleitung. Kosmos, Stuttgart
    2001.
Räber, Hans: Enzyklopädie der Rasse-
    hunde. Ursprung, Geschichte,
    Zuchtziele, Eignung und Verwen-
    dung. 2 Bände. Kosmos, Stuttgart
    2001.
Rakow, Barbara: Der homöopathische
    Hundedoktor. Kosmos, Stuttgart
    2002.
Solisti, Kate und Michael Tobias: Ich
    spürte die Seele der Tiere. Außerge-
    wöhnliche Begegnungen und Erfah-
    rungen. Kosmos, Stuttgart 2003.

▶ Quellen

Bibikow, Dimitrij J.: Der Wolf. Ziem-
    sen, Wittenberg Lutherstadt 1988.
Blest, A.D.: in Hassenstein.
Feddersen-Petersen, Dorit: Hunde und
    ihre Menschen. Sozialverhalten,
    Verhaltensentwicklung und Hund-
    Mensch-Beziehung als Grundlage
    von Wesenstests. Kosmos, Stuttgart
    2001.
Feddersen-Petersen, Dorit: Fortpflan-
    zungsverhalten beim Hund. Gustav
    Fischer, Jena 1994.
Feltmann-v. Schroeder, Gudrun: Wel-
    pentraining mit Gudrun Feltmann.
    Der gute Start. Kosmos, Stuttgart
    2000.
Feltmann-v. Schroeder, Gudrun: Hund
    und Mensch im Zwiegespräch. Kos-
    mos, Stuttgart 1993
Feltmann-v. Schroeder, Gudrun: Trink-
    ordnung bei Katzen. (unveröffent-
    licht)
Hart, Benjamin L. und Lynette A. Hart:
    Verhaltenstherapie bei Hund und
    Katze. Enke, Stuttgart 1991.
Hassenstein, Bernhard: Instinkt, Ler-
    nen, Spielen, Einsicht. Piper, Mün-
    chen 1980.
Immelmann, Klaus (Hrsg.): Psychobio-
    logie: Grundlagen des Verhaltens.
    Gustav Fischer, Stuttgart 1988
Immelmann, Klaus (Hrsg.): Grzimeks
    Tierleben. Verhaltensforschung.
    Kindler, Zürich 1974.
Kendler, H.H.: in Hassenstein.
Krusinskij: in Bibikow.
O'Farrell, Valerie: Verhaltensstörungen
    beim Hund. Schaper, Alfeld 1991.
Rensch, Bernhard: Gedächtnis, Be-
    griffsbildung und Planhandlungen
    bei Tieren. Paul Parey, Hamburg
    1973.
Schleger, Walter und Irene Stur: Hun-
    dezüchtung in Theorie und Praxis.
    Jugend und Volk, Wien/München
    1986.
Scott, J.P. und J.L. Fuller: Dog Behavior.
    The Genetic Basis. Phoenix Edition
    1974.
Thews, Klaus H. (Herausgeber: Proske,
    R.): Verhaltensforschung, die uns
    angeht. Bertelsmann, Gütersloh
    1972.

Tinbergen, Niko: Tiere untereinander. Formen sozialen Verhaltens. Paul Parey, Berlin/Hamburg 1975.

Tinbergen, Niko: Das Tier in seiner Welt. Band 2. Piper, München 1978.

Trumler, Eberhard: Mit dem Hund auf du. Piper, München, 1974.

Trumler, Eberhard: Meine wilden Freunde. Piper, München 1981.

Vanderlip, S.,L.: Hundezucht. Genetik für Tierärzte und Züchter am Beispiel Collie. Library of Congress No.85-072424, 1985.

Venzl, Elisabeth: Verhaltensentwicklung und Wesensmerkmale bei der Hunderasse Beagle. Inaugural-Dissertation, München 1990.

Zimen, Erik: Der Wolf, Mythos und Verhalten. Fischer Taschenbuch, Frankfurt 1980.

▶ Register

Bildnachweis

Farbfotos von Monika Bock (S. 8), Gudrun Feltmann (S. 6u, 7, 16, 20, 28, 38, 41, 45, 54, 56, 57, 69, 71, 72u, 80, 94, 95, 96, 97, 99, 100l, 108, 110, 116, 129), Karl Feltmann (S. 17u, 19, 21, 77u, 87, 100r, 157), Gerlinde Grüner (alle übrigen Aufnahmen), Heinz Kalla (S. 114), Achim Keil (S. 18u), Klaus Müller (S. 39), Werner Ponsel (S. 60), Elke Riedel (S. 178,179) und Melanie Stühler (S. 11, 35, 83).

Impressum

Umschlag von eStudio Calamar unter Verwendung von 3 Farbfotos von Gerlinde Grüner und H. Loerzer (Autorenfoto).

Mit 286 Farbfotos.

Bibliografische Information
Der Deutschen Bibliothek

Die Deutsche Bibliothek verzeichnet diese Publikation in der Deutschen Nationalbibliografie; detaillierte bibliografische Daten sind im Internet über http://dnb.ddb.de abrufbar.

Von **Gudrun Feltmann** sind außerdem folgende Videos erschienen: „Der gute Start" (das Video zum „Welpentraining"-Buch), „Die Kunst, mit dem Hund zu reden" (das Video zu diesem Buch) und „Rettungshunde im Einsatz". Alle Videos können über die Autorin bezogen werden.

Institut Feltmann-v. Schroeder

Ahornweg 24
95445 Bayreuth
Tel. 09 21 – 74 10 70
Fax: 09 21 – 74 10 71
www.welpentraining.de

Alle Angaben in diesem Buch erfolgen nach bestem Wissen und Gewissen. Sorgfalt bei der Umsetzung ist indes dennoch geboten. Der Verlag und die Autorin übernehmen keinerlei Haftung für Personen-, Sach- oder Vermögensschäden, die aus der Anwendung der vorgestellten Materialien und Methoden entstehen könnten.

Informationen senden wir Ihnen gerne zu

Bücher · Kalender · Spiele · Experimentierkästen · CDs · Videos

Heimtiere · Pferde & Reiten · Natur · Garten & Zimmerpflanzen · Astronomie · Angeln & Jagd · Eisenbahn & Nutzfahrzeuge · Kinder & Jugend

KOSMOS Postfach 10 60 11
D-70049 Stuttgart
TELEFON +49 (0)711-2191-0
FAX +49 (0)711-2191-422
WEB www.kosmos.de
E-MAIL info@kosmos.de

Gedruckt auf chlorfrei gebleichtem Papier.

© 2003, Franckh-Kosmos Verlags-GmbH & Co., Stuttgart
Alle Rechte vorbehalten
ISBN 3-440-08232-6
Redaktion: Angela Beck
Gestaltungskonzept: eStudio Calamar
Satz und Gestaltung: TypoDesign, Radebeul
Printed in Czech Republic / Imprimé en République tchèque
Druck und Binden: Těšínská Tiskárna, a.s., Český Těšín

Der Kosmos Verlag ist Mitglied in der

GKF

Gesellschaft zur Förderung Kynologischer Forschung e.V.

Postfach 140353
53058 Bonn
Service-Telefon
01 80 / 3 34 74 94

InfoLine

GUDRUN FELTMANN-V. SCHROEDER

hat sich als Ausbilderin für Welpen und erwachsene Hunde einen Namen gemacht, insbesondere für Familien-, Jagd- und Rettungshunde. In ihrem Institut für wissenschaftliche und praktische Arbeit mit Hunden und Katzen führt sie Beobachtungen, Analysen und Training von verhaltensauffälligen Hunden auf der Grundlage der Verhaltensbiologie durch.

Sie hält Vorträge im In- und Ausland, hat mehrere Videos über ihre Arbeit veröffent-licht und das erfolgreiche Kosmos-Buch „Welpentraining mit Gudrun Feltmann" geschrieben.

Sie können sich mit Ihren Fragen und Problemen zur Hundeerziehung an Gudrun Feltmann wenden. Schreiben Sie an die „Hunde-InfoLine" (bitte mit Rückporto):

Kosmos Verlag
»Hunde-InfoLine«
Postfach 10 60 11
D - 70049 Stuttgart